U0467652

孟宪承文集

·卷六

主编 瞿葆奎 副主编 杜成宪

教育方法原论

〔美〕克伯屈 著 孟宪承 俞庆棠 译

华东师范大学出版社

孟宪承与浙江大学教育系师生游玉皇山(1949 年)

孟宪承与夫人谢纫蕙女士(约 60 年代)

CONTEMPORARY EDUCATIONAL SERIES

FOUNDATIONS OF METHOD

BY

WILLIAM HEARD KILPATRICK

TRANSLATED BY

H. C. MENG, AND CHINTONG YUI

THE COMMERCIAL PRESS, LIMITED, SHANGHAI, CHINA

美國克伯屈著

孟憲承
俞慶棠 譯

現代教育名著

教育方法原論

商務印書館發行

孟宪承、俞庆棠合译克伯屈的《教育方法原论》，商务印书馆 1930 年版的扉页

現代教育名著

教育方法原論

中華民國十六年三月初版
中華民國十九年十一月再版
每册定價大洋貳元伍角
外埠酌加運費匯費

原著者 美國克伯屈
譯述者 孟憲承 俞慶棠
發行兼印刷者 上海寶山路 商務印書館
發行所 上海及各埠 商務印書館

Contemporary Educational Series
FOUNDATIONS OF METHOD
By
WILLIAM HEARD KILPATRICK
Translated by
H. C. MENG and CHINTONG YUI
1st ed., Mar., 1927 2nd ed., Nov., 1930
Price : $2.50, postage extra
THE COMMERCIAL PRESS, LTD., SHANGHAI

N二二五七自

孟宪承、俞庆棠合译《教育方法原论》，商务印书馆 1930 年版的版权页

第十三章 志願的活動與完滿的工作

Purposeful Activity: The Complete Act

『志願 (purpose) 一名詞，吾儕聞之熟矣；顧一般新式教師，又有所謂志願的活動一語，其意義若何？其價值何在？』

『所謂志願的活動者，其義甚明，乃活動之爲志願所貫澈，或受志願之主持者也。』

『君意指任何活動，抑必須手工或筋肉的活動耶？』

『余意指任何活動之受志願之主持者，固不必手工的活動，始可以有志願也。』

『君言良然。例如吾人可志願創作詩歌，即與手工無涉也。』

孟宪承、俞庆棠合译《教育方法原论》，商务印书馆 1930 年版的第十三章第一页

The steps in a purposeful act (P. 203)

志願的活動之階段

「彼二氏不且舍君之志願說，而用其自然情境說乎？」

「余意彼或然。」

「然君何猶斤斤於志願之說？」

「良以此一觀念，最能使人注意於學習之態度。夫學習爲教育之原素，余所汲汲者，學習律之應用也。學者有志願，斯有傾向與準備。有傾向與準備，斯成功有快感，而不成功卽不快。快與不快乃良好學習所恃而成者也。」

「志願與自然的情境，有關係否？」

「尋常有之。凡一種工作之與自然情境隔離者，不易使從事者有志願。此點後當再論及之。」

「志願的活動之階段如何？」

「其階段有四，曰發願，計畫，施行，批評。」

「余愚不曉君所謂，願舉例以明之。」

孟宪承、俞庆棠合译《教育方法原论》，商务印书馆 1930 年版的第十三章第六页

原 序

此书为数年来余讲授“教育方法原论”(Foundations of Method)一学程之教材。其目的不在说明教学之顺序,而在讨论其所依据之原理。

其基本概念有二:一、任何年龄之个人,对于刺激的情境,皆能为多方复杂的反应,而教育必统驭此诸反应而改善之;二、于多方复杂的反应中,何者为个人之取择,何者为个人之所保持以成其品性,则视其“心向”(mind-set)或“态度”如何。故教学法不仅为儿童如何学习拼法默读等科之问题而已,犹有其较广之意义焉。广义之教学法问题,在如何制驭儿童生活之环境,使能充分运用其最美之才性,如何指导其经验,使能获得最良之知识、态度、习惯与技能是也。此编于态度、习惯二者,尤加注意者,则以其为寻常教法之所忽视故也。

于解答广义教学法之问题中,“志愿”(purpose)一要素,尤具特殊之价值。盖唯有志愿之学习,为能运用儿童之才性,组织其复杂的反应,并随其结果之或满意或烦恼而保持之以成其品性也。

在吾侪之教育哲学中,此广义之教学法,占一适当之位置。吾侪之教育哲学,深感现代生活中道德教育、民治主义〔1〕与变动的文化之要求,而谋所以适应之。而广义之教学法,则为道德教育之本要,亦适应民治与变动的文化之所必需。若夫方法与课程,应有其内在的联络,又此种教育哲学所认定也。

〔1〕 今译为民主主义。——编校者

书中所论教育方法,不专指学者之某一年龄,任何年龄皆适用之。又不专供教师之采用,凡父母或负有指导青年之责者,皆可参考之。或者以其所讨论于今日学校之工作,绝少具体之指示,实则推吾说而行之,则今日之学校先须改造也。

余于思想上所最服膺者,为斯宾塞(Spencer)、詹姆斯(James)、杜威(Dewey)、桑代克(Thorndike)、伍德沃思(Woodworth)诸家。杜威、桑代克二先生之学说,尤余说所资为基础,则字里行间随在可见者也。书中有数章,已刊载《教育方法杂志》(*Journal of Educational Method*),今付重刊,并当致谢。

书成,承克莱因博士(Thomas S. Cline)、邓恩教授(Fannie W. Dunn),为校阅全稿,多所商订。其缮校付印,则助教奥斯特兰德女士(Marion Y. Ostrander)与有劳焉,并此致感。

威廉·克伯屈

1925年5月

译　序

凡子女游学海外，归而有异服奇行者，其父母见之，则且喜且戚，盖喜其壮游成学，而戚其动静云为，与我不类，而不能了解也。然其能因此而更有用于社会，则亦父母所深盼也。

是书乃吾思想之产儿也。今远游赴中国，新易华装，余甚嘉之。而其为吾所不能了解，亦滋戚戚也。然吾友之殷殷为吾儿介绍与改装者，亦冀其因此而更有裨于人群，则为吾所深信也。

对于唐俞庆棠女士之辛勤迻译，与其他友人之通力合作，成此译本，余敬致感谢之忱。

威廉·克伯屈

1926.11.1

译者附言

本书著者吾师克伯屈氏(William Heard Kilpatrick),为有名教育哲学家。氏于1871年11月20日生于美国佐治亚州之白原(White Plains, Ga.),卒业于该州之墨瑟大学(Mercer University),先后任公立学校教师及校长之职,又任母校数学教授多年。旋复肄业于约翰霍普金斯大学(Johns Hopkins University)及哥伦比亚大学(Columbia University)。于1912年在哥校受哲学博士学位。自是即在哥校师范院任教育哲学教授,以迄于今。本年应中华教育改进社之约,来华讲学。除所著论文散见各杂志外,氏之重要著述,约举如下:

《福禄培尔幼稚园原理》(*Froebel's Kindergarten Principles*, MacMillan, 1916)

《设计教学法》(*The Project Method*, Teachers College, Columbia University, 1918;康绍言、薛鸿志译,见所编《设计教学法辑要》,第一章)

《教育哲学纲要》(*Syllabus in the Philosophy of Education*, Teachers College, Columbia University, 1921)

《教育哲学探原》(*Source Book in the Philosophy of Education*, MacMillan, 1923)

《教育方法原论》(*Foundations of Method*, MacMillan, 1925)

《教育与变动的文化》(*Education for a Changing Civilization*, MacMillan,印刷中)

本书名《教育方法原论》,其目的如原序所谓:“不在说明教学之顺序,而在讨论其所依据之原理。”盖不仅为教学法上一大著作,实亦最近教育哲学上之一新贡献也。今日美国教育学说之最有影响者,莫如杜威与桑代克二家。而其研究之方法,则前者以哲学为依归,后者以实验科学为基础。克伯屈氏采二家之精义而融贯之,参以心得,成一家言。故循览是书,不但可了然于新教学法之原则与克伯屈氏教育哲学之体系,即于杜威、桑代克二氏之说,亦可得一更透彻之了解焉。此译者读是书时,所以有无穷之兴味,而乐为郑重介绍者也。

氏个人之教学,善用问题讨论式之启发法。其施教也,不取讲演,但提示问题,使学者相与质疑问难,骋意运思;每有疑滞,一经氏之解析整理,无不涣然冰释,怡然理顺。其教学之技能已进于艺术之域,此凡从氏学者,类能道之。此书通体设为问答,亦即此种教学精神之表现。惜译者拙于文辞,未能将原文词旨,曲为传达耳。

书中第一章至第十二章,及第二十一章,为庆棠所译。第十三章至第十八章,为宪承所译。所用文体名词,前后力求一致;往复商榷,不厌周详。其有纰缪,读者幸教正之。

译时承唐庆贻先生殷勤匡助,为润饰其大部分译稿之文字;第十九、第二十章并荷唐先生相助迻译,俾克早告厥成;敬致感谢。稿成,又承克伯屈先生远道邮赐序文;译弁书端,并附致感。

孟宪承　俞庆棠

民国十六年〔1927〕一月一日

目录

第一章

方法之广义与狭义问题

“何谓方法？何谓方法问题？何谓广义之方法问题？凡此种种，究属何解？所谓广义之方法，余实未之前闻，岂尚有狭义之方法乎？余向者未及闻某教授之演讲，不审方法问题，已详加讨论乎？” 教师数人之谈论

“某教授于方法问题有极新之议论。彼对于选择教材与教授读法、书法等之科学方法等，并未有所讨论。彼所述之方法，意义至广，实与教育真精神相合也。” 方法之问题

“演讲之后曾有讨论乎？”

“曾有热烈之讨论。然多数人对于广义之方法不甚了解。”

“君反对某教授之论旨乎？”

“绝不反对。余以为彼所论者，实教育界最重要之问题也。”

“此教育重要问题，余虽曾道听途说，实未尝深明其意。所谓广义之方法，其意义究若何？”

“余犹忆第一次闻方法之讨论，在余髫龄时代。其时有一新教师来吾乡，曰，彼教授时不先教字母，而先教识字，名曰字法(word method)[1]。当时吾乡人士群起攻之。余闻之亦心 各种方法之回想

---

〔1〕 按：原文谓不先识 a、b、c、d 等字母，而先识字如 book、paper 之类。——译者

骇目眩，以为是犹造塔者之倒置巅末也。吾叔亦谓此种教师，教育局亟宜革撤。然其幼子受新法教学后，自初进校至有阅书程度，费时不及寻常儿童所费之半，未尝不引以为异也。”

“其后有句法(sentence method)〔1〕，或曰较字法尤佳。而其他各种方法，如语音学法等，亦随之而起，不胜枚举。算术中之格鲁伯法〔2〕(Grube Method)行而即废。斯皮尔法(Speer Method)继之。当时教育机关中，不乏议论方法之辈，倡言新法功用之大，及后思之，其议论不值识者之一笑耳。君意如何?”

方法之心理的研究

“余意方法可以另一种眼光观之。去夏余在某大学暑期学校中习教育心理学一科。教授曰：他日教法，将成专门科学。心理学家将以为无论学习何事，必有最经济之方法，及一定之规则云云。彼又详论学习定律(Laws of Learning)、心向(mind-set)、准备(readiness)、练习(exercise)及满足(satisfaction)等。初甚艰涩，后余渐沉浸于此种学说，而深信此教授之高明。余因常注意自己如何学习，并观察学生。此种学习定律确切不磨。总之，不外练习时满足或烦恼而已。”

新旧方法之比较

“君所述之心理学家之议论，固或有理。然顷所讨论之字法、句法等之所谓方法与心理学家所研究之方法，余未见其有差别也。吾人所以用字法，盖以儿童学习时较字母法为敏速耳。去夏余亦在暑期学校，于某学程中余等曾详细讨论，以为科学与常识仅程度之不同。科学特较为正确而已。所谓方法者，乃教学之最经济的顺序。此在常识上或科学上均无二致

方法之一定义

---

〔1〕 先读句明义，再识字。——译者

〔2〕 此种算术之教学法于1812年为柏林之格鲁伯所倡。其法又可名为集中(Concentric)法。儿童先学习自一至十之数目关系，再进而至十至百之数目以至于更大之数目焉。唐钺、朱经农、高觉敷主编：《教育大辞书》，商务印书馆1930年版，第1316页。——编校者

者也。”

“某教授对于此层亦曾述及，但彼不赞成一定以科学之顺序限制方法耳。”

对于方法之较广的观念

“其说是也。余之所以赞成字法或句法而不取字母法者，理由复杂。不独儿童易习读法而已。夫枯燥无味之字母旧法，能使学生厌学校，恨教师。以新方法教读法，无形中可以鼓励儿童，使有一种生气，设余愿造就服从性之儿童，如古之奴仆然，使之常处低微之地位，折其气节；或余愿养成木偶式之儿童，‘见其人，不闻其声’，[1]则余愿采用此窒塞生机之训练法，舍民治主义（democracy）而直采普鲁士主义[2]（Prussianism）矣。”

“君之教学法较良与否，余并不持异议。君必谓今日学校中学生不如昔日之不从命。君曾述德国儿童有因学校管理奇苛而自杀者。余觉君之所谓教法，良有兴味。君意方法问题非特指儿童学习功课最速之法，或诵读诗文最经济之教法而已，其意义所包至广。然余未能十分明了，请再加以充分之讨论。”

对于方法二种观念之不同

“余以为方法可以二种眼光视之，狭义与广义是也。最好二种名词指二种用法，但尚无人为此创格也。狭义方法非不可行。夫研究学习读法以何法为最善；学习文法字汇，以何法为最良等，此昔人之所谓方法也。其时虽无科学的顺序以试验甲法之较善于乙，然倘有两种相反之方法，差异甚巨，则其短长且立见。如旧时字母法之摈而不用是也。心理学与测验

〔1〕按：此系英文成语，言不敢做声也。——译者

〔2〕即普鲁士专制主义。当时普鲁士为求变成欧洲强国，加强国家行政机构建设，实行重商主义经济政策，发展工商业。普鲁士的专制主义在一定程度上保留着农奴制和优先发展军事力量的政策，存在着浓厚的封建残余。——编校者

法必能将狭义的方法建于科学的基础无疑。而此种方法于教育前途有莫大之利,亦无疑也。然试问狭义之方法果能解决一切教育上之根本问题乎?尝见学生考试历史及格后,力掷其书而言曰:'噫!今生余不愿再阅一本历史书籍!'此等现象实为莫大之缺点,余以为学生习历史科不独应强记教材,对于历史,并应有一种兴味。余尝见年龄稍长之学生,曾习公民学矣,政治学矣,而对于本乡市政之良窳绝不关心。书本以外未尝知有应学习之事也。又余知在某种教师之下,学生之得最高分数者常拘束其灵性。此种学生不能有独立之思想,亦不敢信任自己之判断力。凡书中所载或教师所述者,均以为真,而永不再加推究思虑,此实非民治国家所需之公民也。"

方法抑教材

"君谓学生对于历史政治之有兴味,能有独立之思想,均属方法之问题乎?凡此种种之应学习,与历史政治之应学习同,似皆为教材之问题,未可忽也。"

"君谓凡此种种均应学习,信然。学习历史教材为一事,学习对于历史有兴味为又一事。二者相关,而不相同。学习对于历史中之事实有独立而可靠之判断力,则又一事也。每种学习各有价值,而需研究。吾人不应专注意于一端,而忽视其余二端也。"

"君认为凡此种种均应学习,而未尝述及方法。顷者君于方法大发议论,谓将推广教法之界限。兹乃曰,此须学习,彼须学习,每项为教材之一种,虽其性质不同,而为教材则一。诚如是,则课程岂非最要之问题?所谓课程者,余以为只当选择适当之材料,应用之事物,以便学习而已。奚必徒谈教法哉?"

方法之又一定义

"余意学习各种事物,方法即寓乎其中。方法实不能摈诸教材之外。学习一事,自有一法。无论学习何事,必加练习。

譬如欲养成判断力，必练习判断事物，成功则满足，失败则烦恼。欲学习思想独立，必练习思想时有独立之精神。方法问题，即所以供给学习时适当之环境，俾学习时有正当之练习也。练习之结果，非成即败。成功则满足，失败则烦恼。每一事谓之曰教材，实则皆有一方法。譬如自重之心，须学习者也，亦可名之曰教材乎？养成自重能力，别有一种练习，与读法、书法之练习不同，故各种学习各自成一方法也。"

方法非仅一种欤

"余初未知教材与教法之关系如此密切也。每学一事，必有一种适当方法，此说是矣。然余另有一问题：初君述有广义与狭义之方法，余未见其有二义也。君所论方法，所举诸例，不外一种。约言之，即以最经济之方法学习事物也。设有数事须学习，或同时须学习数事，君所谓狭义之方法，均可适用。然则君所谓广义之方法，究何解欤？"

"请君勿亟亟。广义之方法自有位置。君尝言有数事须学习，并同时须学习数事。实际上儿童是否能同时学习数事，抑一时仅可学一事欤？"

"余实不甚明了。余尝闻一时只可学一事，至少吾人之注意，一时仅及一事。然则如何同时可学数事乎？"

各种学习同时进行

"余将告君如何一时可学数事。设一怕羞之女孩初进幼稚园，见校中其余诸孩精神活泼，已则畏缩不前，各种工作游戏均不愿加入。后见滑梯颇有兴味。（滑梯，幼稚园中常有之。一端高，一端低，左为阶梯，右为斜板。儿童自阶梯上升。坐于斜板，可直泻于地。）此女孩学习如何拾级而上，如何预备，如何由上滑下，遂忘其羞缩态，而深喜之。次日，再至校中，遂迥异于前。此无他，彼已学习数事也。彼喜幼稚园中之教师，因昨日曾助伊也。并喜校中某某二孩，因在滑梯上亦曾助之。伊喜滑梯，并知如何运用之法，如何待先到之儿童滑下后，已再上升下降。及回家，告其母曰：余今颇喜幼稚园矣。凡此种种，均可代表学习之结果，每事足以代表满足之练习。彼所学习诸事，既非一致，亦非在一时。然学一事，即与他事有密切之关系。当其学习滑梯时，同时实不能不学习对于其余儿童相当之态度，及对于教师相当之态度，对于自己在此环境中亦不能不有相当之态度。方法之范围可谓广矣。假令幼稚园之教师不知儿童心理，初见此女孩时即加以严厉之声色，命其上升滑梯，则此孩学习之结果将相同乎，抑相异乎？"

"此由于教师能相机行事，故有良好之影响也。"

"吾人有二种分子，以组成广义之方法：（一）当儿童对于环境有显著之反应，此种反应非简单，而复杂，因环境之各部分及情景不同，而反应亦异焉。儿童学习，由于各种复杂之反应得来者，余名之曰同时的学习[1]（simultaneous learning）；（二）教师支配儿童学习之环境，即可影响此种同时之学习。盖凡起于同时者互相密切之关系，非全体考虑之不可。上列二种原质，组成广义问题之方法。为教师者，应如何施行教学，方可使各种同时的学习皆得最优良之结果乎？"

"君以为同时的学习为必然，不知确否？在幼孩生活中，或幼稚之经验，如滑梯等，或为真确。然于学校各种课程中又如何？譬如文法，岂儿童学习文法时亦有各种同时的学习乎？"

以文法为例

"然。同时的学习为必然的。当儿童于半小时中学习文法时：非特学习此种功课，且同时养成一种对于文法之态度，对于教师之态度，对于学校之态度焉。至其对于自己与文法及学校之关系，及自己之能力品性等，亦发生相当之态度焉。

[1] 今译为共时性学习。——编校者

彼或对于文学高深之研究饶有兴味；或对于学习生厌恶之心，而目为无用；甚至以学校、父母及教育行政人员为无情之暴君，而虚与委蛇。此仅儿童于半小时文法中所学习之一部分耳。此例不较为清楚乎？”

“此说诚清楚，足以证明同时的学习。然余不明教法之何从而是也。吾侪方讨论广义之方法，君岂忘之乎？”

广义之方法

“余所言者，方法即寓乎其中。儿童于以上诸项中应学习何项，教师不能影响之乎？学生能思想与否，有感情与否，简言之，学生之引起自己与环境之关系，无论在校中与否，全视教师支配之适当与否。狭义之方法，除学习一种特别事物外，其余毫不注意。一若在此时间，此为唯一之事须学习者。而在实际生活中，一事决不能独自成立也。广义之方法须考察真事实与真生活。狭义之方法常指全体情境中之一部分，非抽象即不真实耳。此全体情境之一部分，实不能独立。犹人之首不能离身体而独存也。有时欲求学习之经济，不得不趋于抽象，然吾人不应假定抽象为真实之生活也。故广义方法之问题甚为普遍。即无论儿童善于学习与否，非特学习吾人所选择之教材，且同时学许多更为紧要之事物，吾人须如何教导之也。”

“此即今日某教授所述之意也。广义之方法包含极广，必须研究。舍此法而从事教育，犹行路之恃一足。仅言课程，犹不足也。”

“但广义之方法实增教师以无限之责任，余实忧之。设余下周将教授‘公债股票’，不能不虑及其害多益少，且时时虑其与广义方法宗旨相背。然则将若之何？吾人应如何研究，并如何使与狭义方法发生关系？”

广义之方法即生活之问题

“方法之二种问题：曰狭义，曰广义。一则学习教育中之节目,一则施行教育之全体,视此教育与生活为有密切关系。二者并进,可能的亦必需的也。心理学家与教育试验家皆大有功于狭义方法者也。至广义方法,为生活自身问题。解答此项问题,须视如何解答生活问题而转移。此所以普鲁士式之教法,不适于美国也。普鲁士好兵黩武,欲养成一部分之国民适合于此种生活,又一部分之国民适合于彼种生活,而欲全体国民均服从而易教。下等阶级则经商或负贩,高等阶级则充军民政长官,而全体皆受德皇(Kaiser)之统治。彼之教育行政人员专谋使儿童各勤其业,而不使有丝毫独立之判断力。余尝闻哥伦比亚大学师范院院长拉塞尔氏(Russel)曰:德国儿童所受教法,无往不同。平民则入平民学校,上级社会则入文科学校,二种学校之课程迥异,要皆使每种学生得相当地位。但其教法则同,不外陶冶所有德国儿童成普鲁士式之性质耳。"

"此确极有兴味,且至紧要。然余有不能无疑者,美国岂无德国式之人乎?余常闻人谈'本能的服从',其意欲使一部分人生而富于服从性质,使又一部分人生而富于领袖能力,以指挥此种富于服从性者。此说也,余未见其合于民治主义也。"

民治的社会应有民治的方法

"此实极紧要之问题,而须切实注意者。美国共和之制远溯自1776年。欲希望吾民治试验之成功,必先有一种合于民治真义之教育。在民治之社会中应有民治之学校制度,而在此制度中,民治之方法最为重要。"

另一教师加入讨论

"余适来,未闻君等所讨论二种方法问题。倘多数人不反对,可否请略述以上讨论之要点,使余稍有端倪,而得加入议论乎?"

"欢迎!欢迎!顷余等所讨论之结果,以为吾人固宜研究课程，知何者应教学，更宜研究方法，应如何教学。方法有二种问题：一为如何为最良之教学，如教学一种学科如读法之类，如何可得良效。又一问题为吾人不常注意研究者，即如何对付学习时之儿童。儿童学习一事时，实同时学习数事。故吾侪教师对于儿童所学习之种种，实负极大之责任。第一问题为狭义之方法；第二问题为广义之方法。”

“余今稍明君意。然何以名之曰狭义与广义？君意轻视其一，而偏重其二乎？”

“非也。所以名之谓狭义者，在一时只注意一事。所谓广义者，同时各种学习并行。此决非轻视狭义方法也。”

“可否请将广义之方法稍加申说？因余尚未能十分明了。”

广义方法论撮要

“余当再加说明。儿童在学习之经验中，不独学习所指定之一事，如文法然，且同时学好或学坏其他各种事物。彼之如何学习；彼之勤惰；彼对于文法具何种态度，有兴味与否；彼对于教师之感情如何；彼对于自己之省察又如何，是否有能力学习与尝试（例如文法），是否能自立意见，并推论理由；彼之对于国家政府感情如何，彼以统治或管理与己之利害反对而背驰乎，抑以为公平正直，不可缺少，与一己之利害又适相符合乎？凡此种种，说来虽挂一漏万，然于此可知余等所谓同时可学习数事，并可知此种附属之学习之重要。学习是否能有效，全视教师如何应付学生也。”

“余对于二种问题之分别，仍不甚了解也。余以文法为一事，而喜学文法为又一事。兹二者佥属于方法问题，即如何运用学习律以获学习最良之结果也。君所谓二种不同之问题何在乎？”

体育教师之例

“请举一例，或能明了。假定一体育教师有极热烈之希望,愿所教球队能获锦标。于是一切不管,但求得胜。君以为于各队员之道德有何影响乎?”

“余深恐彼等实行一切不管,但求得胜,于道德上有不良之结果。但余未见此例之为明了也。目下有二事须学习者:一为球戏[1],二为所包含之道德。岂非每项中皆适用学习律乎?余见一问题中有二事,此二事皆君所谓方法之狭义问题。余只见其一,而未见有二。余实不知所谓广义问题也。”

“余犹未竟吾说。君所述之大部分,余表同意,如何学习球戏,为狭义问题中之一事。如何由球戏而养成道德,诚如君言,为狭义问题之第二事。然余仍坚持尚有第二问题,为君所未述者。”

“请君言之。”

一时数学二事之问题

“假使君知教授球戏之最良方法,又知由游戏而训练道德之最良方法,君将二者同时教之乎,抑分别教之乎?”

“余从未思及之。依‘分工得胜’(divide and conquer)之理,将分教之。君意如何?”

“假定二事连结不可分,只得同时教学,则如何?”

“此难言之矣。余以为在紧要之际,注意一事时,不能兼顾他事。若兼顾,二者均无良好结果,故以分教为是。”

“假定不独有二事,而同时有数事,则如何?”

“愈宜分析,逐一教之。”

“假定有充分之理由,君务必同时教之,则如何?”

“余只得设法支配种种问题,或则注重之,或则疏略之。”

“此为另一问题,与每项单独施教之问题不同也。”

“诚然。”

---

[1] 即球赛。——编校者

“然更有进者。假使君教一班学生，知彼等同时学习数事，而不知所学习者为何，则何如？”

所学习者为何

“余以为最初一步，须审察此同时学习之数事为何物。”

“既知其所学习者为何，君仍将支配情形，使获最良之结果乎？”

“然。”

“此二问题，岂非仍与每项单独教学之问题不同乎？”

“无论何级学生，其学习时必同时学习数事，岂非然乎？”

“余深以为然，余等已有充分之讨论矣。”

“同时的学习实不能分开。即使欲每项单独施教，亦有所不能。”

“余亦深然此说。”

“然则余教学生时，必细审二事：（一）彼等同时学习者为何事？（二）余将如何支配，以总其成，而得最优美之结果？”

“余未见其有他法也。”

“凡此种种，成另一问题，与单独施教之问题不同。”

“君所谓二种问题，吾知之矣。第一问题，支配诸事，而总其成；第二问题，假定余能单独教一事，应如何着手。”

方法之二问题

“然则同时可学几事？少乎，多乎，抑极多乎？”

“以严格论之，恐无限制。实际上其最显著者，恐不在十一二以上。君以为如何？”

“与君同意。”

“余以为狭义问题根本为心理的，然否？”

一为心理的一为哲学的

“余意亦如此。”

“广义问题是否为道德的、伦理的，或哲学的？”

“然吾人生活中，往往同时发生数种需要，错综杂呈。数者不得而兼，则择其尤要者。于是发生道德的或哲学的问题。

盖此系价值之抵触(择其价值之高者而舍其余),常为哲学的问题也。"

"每一学习之情境,必呈广义问题乎?"

"吾人必随时预备对付此广义问题。吾人所可尽力之处,负道德上之责任也。"

"非特此也,每一学习之情境,于狭义之方法,必呈一二有益之问题乎?"

"诚然。机警灵敏之教师常能见及之。"

"推论方法问题,心理学不指示吾人如何于各种学习中,每项均得学习良好之结果乎?"

"诚然。进而论之,吾人应无时不思利用此同时之学习,养成良好之品格也。"

"倘吾人欲尽教师之责,对于方法之两方面应加以系统之研究。"

"诚然。吾侪第二步所研究者,心理学也。"

第二章
何谓学习与如何学习

又一教师会议

“余亦愿明了学习律，无论至何处，常闻人道及之，若甚重要者。意者其亦有真价值乎？然而学习律未发明以前，世界何以有数千年之进化乎？”

教师是否应知心理学乎

“君对于学习律有兴味，余则不然。余以为教师无须用心于心理学也。教师所应付之儿童，活泼泼的有生命之儿童也。而心理学之枯燥无味与他种科学无异，仅于书本中有其生命耳。即不学心理学，施教已非易易，况重加之以枯燥无味之心理学乎？倘余进暑期学校，余将学摄影术或其余有兴味之学科，不愿入教育心理学之教室也。再暑假中，余不愿再挂念教师之职务，自九月至翌年六月，余觉够苦矣。”

研究教育可使教学更有兴味

“余等均知君之感想如何。但君之所以觉教学沉闷乏味而困难者，因君不加研究也。去年暑期学校中，余学得许多关于儿童及如何学习之新知识，并闻同学之许多计划及测验，余几嫌开学之迟。盖余急欲将余新学者应用于教法，而试余之测验也。君或将谓余素喜教学，诚然。但年复一年，用同一教法教同一课程，索然无味。今则焕然一新。余观察无数有兴味之事，或出于君意想之外。然余自觉余施教时之心理学知识，已不及在教室中讨论时之清晰。余初未知心理学如此复杂困难也。不独余观察学生学习时如此,即欲将余脑中之心理学知识,稍加整理,亦不可能。余极愿作详细之讨论。然欲发之问甚多,尚希原谅!"

心理学是否适用于全体学生

"若研究心理学可改良教法,则余愿学之。余将稍待以听君等如何开始讨论。但余必事前申明:余对于心理学颇觉怀疑。君特未知余之学生耳。君等之学生皆驯良而优秀,自良好家庭来者。余之学生实需有较心理学更为严厉之事以督率之。余第一步进新教室时,先使学生精神上有畏惧上帝之心,此后或尚可施以教诲,或竟可应用心理学,亦未可知。"

"吾人讨论应如何发轫乎?某君提议自学习律始。"

"余之第一问题,即何以名之曰'律'?余知君意非谓吾人应服从桑代克氏等首创此律者,然则何以名之曰'律'乎"?

定律(Law)名词之意义

"学习之定律,犹自然界之定律也。牛顿氏(Newton)并未自制地心吸力之定律,仅发现之耳。以余所知,自然界之定律无他,观察一定不易之理而述说之耳。伽利略氏(Galileo)发现坠体之定律,但发现后,物体之下坠与发现前无异。物体下坠并未注意于伽利略氏也。伽氏仅述物体正规之下坠而已。所谓定律者,仅物体下坠之正确说明耳。"

"如定律仅如此而已,何研究为?何必斤斤于此乎?"

"其用在此。吾人既知物体之下坠,则凡关于物体下坠之处,吾人知如何准备之矣。"

"此无他,常识耳,曷见其为科学?"

"科学本无他,亦常识也,唯较常识之步骤为谨严耳。科学基于经验,常识亦然。唯科学有更适当之方法,以测量之,申述之而已。科学之特长为能包含许多经验。自然界之定律,其剖析物理详赅而谨严,故极可靠也。"

"此似有理。但与吾侪论题何关?何谓'学习律'?"

"学习律者无他，所以申述学习之历程，而其所申述详赅而又谨严者也。"

"请先述学习律中之一条。余极愿知学习之历程，倘余知之，或可助学生之学习焉。"

"余试先述准备律(Law of Readiness)：当神经系中之联结(bond)跃跃欲动，活动则满足，否则……"

"请勿用奇奥之名词。君何不用日用之语言文字乎？所谓神经系中之联结者何解？"

"欲用普通语言以达极正确之意义，实属甚难。在实际上，余已用极简单之名词矣。余当再自最初讲起。盖欲明学习律，非先明若干基本名词不可也。"

"唯名词之数目请勿多。"

S→R之符号

"请自S→R之符号始。S之意为刺激(stimulus)。R之意为反应(response)。无论何种动作为对于刺激(S)之反应(R)。余闻小孩之哭声(S刺激也)，止步而听之(R反应也)。余途中遇一友人(S刺激也)，问之曰起居何如(R反应也)。余友见余，且闻余声(S刺激也)，亦答以礼(R反应也)。彼知余已止步(S刺激也)，彼亦止步(R反应也)。余知彼在咫尺之遥，且注意及余(S刺激也)，余即称扬余友昨晚之演说(R反应也)。彼闻余言(S刺激也)，余言之意义在彼心理中发生意义(R反应也)。彼既明余意(S刺激也)，即面有得意色，而精神激发(R反应也)。"

"但君未曾述及神经中之联结。请说明此点。余向已告君，余将时时发问也。"

"请注意余所举之末第二例。彼闻余言(S)，余言之意义在彼心理中发生意义(R)。倘彼于过去之经验中，从未学习此种字义，则余声仅激彼之耳鼓，而不能发生心理作用也。心

联结(bond)之一名词

理中所以发生意义者,因从前已有学习,所以此种声音与意义可以联合也。彼过去之经验事实上已造就于神经系中,当其闻一种特别之声音时(例如余言君庄严宏博之演说),相当之意义即起。若心理中之思想者然。其实意义之起,由于旧经验之联络也(bond or connection)。此类语言文字之联络生于经验,亦在经验中学习而成。"

"余意各种联络并非皆由造就或学习而成,君意如何?"

本能的与学习的联结不同

"君说诚然。余将述之。当余称扬时(S 刺激也),余友面微红而喜形于色(R 反应也)。称扬而喜,因而面赤,均非由学习得来。此类反应均与本能相联。每人先天皆有无数此类反应,与适当之环境有极坚固之联合。"

"S→R 中之箭头何解? 是否所以联结 S(刺激)与 R(反应)乎?"

"然。吾人可如此想法。有一种神经组织(mechanism)接受刺激(S),第二种神经组织发出反应(R)。而箭头为第三种神经组织,其作用为传递刺激,自接受神经组织(S)传递之于反应神经组织(R)也。此简单之说明已觉困难,然细思之,即可得其意也。"

各种动作皆可以 S→R 解释之

"君以谓此(S→R)符号对于每事如此乎?"

"然。无论何种动作,均可如此说明。自然情境(或刺激)有简单复杂之不同;反应亦然,有时简易,有时错综复杂;而联结(bonds)亦不同,有简单一定而坚强者,则刺激初至,反应立随,正确而不失时。例如重击膝盖骨之下,足胫必向外直射。他处之联结即较微弱,稍有阻碍,反应立止矣。倘余问三年级学生曰:2×2 若干? 必立刻曰'4'。若问 7×6 若干? 或必加思索而答曰'42'。若问 5×13 若干? 彼未必知矣。儿童非能知数目'42'之本身,其关键在使 7×6 与'42'有一种联结,所以一思 7×6(S),‘42’之答数即随口出也(R)。算术中之一切联结,必逐渐造就,以备应用。‘学习’之意义,不较明乎?”

“余知 S→R 于算术可造成一种联结,读法亦然。但是否适于各种学习,如地理与作文乎?”

“无往不然。譬如或问陕西之省会(原文为 capital of north Dakota),有能立刻回答者;有迟疑不决,猜答数次者;亦有毫不知悉者。此无他,视联结之有无及其力之强弱耳。盖有联结,始能答述也。作文亦然。有学生誊写端正,篇幅整洁者;亦有学生全不顾及者。其所以异者,视适当联结之存在与否也。于道德亦然,在窘迫之地位(S),有学生喜说谎,以图掩饰者(R);亦有心地诚实而直言不讳者。无论何种问题,均属联结之已否造就也。”

“目下请述准备(readiness)及满足(satisfaction)与烦恼(annoyance)。余虽稍知之,然仍有疑焉。”

“余等则尚莫名其妙。”

讨论准备

“准备易于意会而难于说明。吾人可如此想法,刺激之程度如何方足引起一种反应?准备之程度愈高,所需之刺激愈小。假定有一年龄幼稚之小孩与一不知轻重之人,某日酷热,小孩力索冰淇淋,并大言曰,能一次吃六杯。其人曰:‘倘汝诚能进六杯,余将供给汝以冰淇淋’,于是竞争始矣。在极热之天气,置冰淇淋一杯于一小孩之前,此所谓刺激也。小孩见冰淇淋,喜跃狂吞,此即反应也。其准备极高。至第二杯时,准备之度益高。但至第三杯之末,准备之度骤减。至第四杯,准备减至零度,或竟在零度之下。准备为神经中一种情形,所以推测其求活动之程度也。”

“以上所云,余已能明了。然准备或不准备尚有他种原由乎?”

准备与不准备之原由

“诚然。过分活动后之疲劳常为不准备之原由(以上所举之例,并非因多嚼或上颚神经之疲劳,只因胃中已充满,是以对于冰淇淋之准备降于零度以下也。)心理状态中已被相反之事盘踞,亦不能准备,譬如恐惧或悲伤之后,对于娱乐之事不能准备也。而准备最紧要之原由为一已在此时之心向也(mind-set)。”

“请君再申述心向(mind-set),余常闻心向与志愿(purpose)有关系,余愿明了其中之关系。尤要者,余欲知心向与准备究有何分别?余以为二者颇相似也。”

心向与准备虽有差别而有关系

“心向与准备颇相似,以致有时混杂。然余信余能将二者分别清楚。心向较准备为广阔。准备或属于多数反应联结(response bonds)中之一种,而心向则关于心理作用之全体也(心向属于多数联结之聚集,在此时竟有统驭此人或此机体之势)。‘对于目的之心向’(mind-set-to-an-end)之一词,可使余之命意较为清楚。其紧要之点,在一有势力之目的竟有统驭心理之势,而此机体则专注于达到此目的(外界之目的)。心向与准备在此际之关系极有兴味。譬如一学生为足球家,热望彼之球队能于下星期六比赛时之得胜。吾人可谓彼之心向专注于比赛时之得胜。此心向传播于附属之各种反应联结,使彼等各尽其责,以达得胜之目的。此学生之耳官格外机警,以冀闻得胜之秘诀,其两目官将注视对方传递球时之曲线。此种结果仅属普通的‘对于目的之心向’,能使全神贯注用尽平生之力,使所有反应联结适当于活动(如足球戏)者发生关系。非独此也,同时由准备而有适当之联结,此种心向并使所有反应联结之与目下活动之目的不符者松弛。在球战之前一星期,学生竭力练习。同时对于球战无关之事或妨碍练习足球之事,不能注意。故无论何教师,知在足球大比赛之前,书本上指定之功课只能极短。某大学教授谓在秋季决赛前，竟不能有繁重之功课焉。”

“君举之例大有兴味，但几令人疑心向可以产生有思想之人格矣。心向既具目的，又能以适当之动作达其目的，则人格或自我又安在耶？”

心向之活动

“君之所问提出一大困难。但余信此为文字说明之困难，而非事实本身上之困难。假定一女孩行经玩具铺，彼方足痛，彼两目忽直注一洋娃，彼之心（即刺激反应联结之聚集，足以组织心向也）立刻反应，急欲得此洋娃。彼之心向全注于得此洋娃之所有权，遂忘其足痛。在此短时期内，此女孩之世界中唯己与洋娃耳。少顷，忽加入其母，乃呼曰：‘母亲乎！我要洋娃，请为我购之。’于是此世界渐放大而包括店主、价值、金钱或金钱之来源，及母亲等等。”

“兹将此心向之历史及作用详细解析之。(A) 将有刺激，必先有各种感应结 S→R bonds（即刺激→反应之联结）（如此例起初有对于洋娃之感应结，有对于洋娃之小车感应结，有对于冰淇淋之感应结等。其后心向专注于洋娃）。(B) 有相当之事物（瞥见洋娃）以刺激一种感应结。(C) 反应相随，而目的亦确定矣（切望得此洋娃）。(D) 由此心向，而准备遂播于过去经验中已成之联结或相附之各感应结（发生向母亲索银之联结）。(E) 同时其余感应结足以阻止或延迟得此洋娃者，皆不准备（如足痛之忘却）。(F) 于是多数相联之感应结中，最活跃欲动者起矣（母亲乎！请购洋娃给我）。余以为不必用奥妙之名词，如‘自我’、‘思想’等，以释一事之发现。欲研究何谓‘自我’与思想之如何进行，必自心理作用始。”

“噫！心理学固非枯涩无味，如余前所意料者也。然则吾人如何能应用之？与君初提之学习律问题又有何关系乎？”

三条学习律

"吾人研究学习律后,离题之诮庶可以免矣。桑代克氏发现三条最重要之学习律:(一) 准备律(Law of Readiness);(二) 练习律(Law of Exercise),又曰用与失用律(Law of Use or Disuse);(三) 效果律(Law of Effect),又曰满足与烦恼律(Law of Satisfaction or Annoyance)。准备律上次已讨论矣。试重申之。'某一联结跃跃准备欲动时,动则满足,不动则烦恼;某一联结不准备动作时,强使之动,发生烦恼。'(When a bond is ready to act, to act gives satisfaction and not to act gives annoyance. When a bond is not ready to act, to be forced to act gives annoyance)请思吾人所讨论之准备合于此律乎?"

"诚然。如小孩食冰淇淋,食冰淇淋之联结准备欲动时,食则满足;不甚准备时,虽食亦不甚满足。假定强迫尽食六杯,余恐小孩烦恼甚矣。此条学习律已明了。然余不能不疑问,此是否为满足与烦恼之一种定义?君意何如?"

"此实极有兴味之问题。余颇表同意。但吾人可容后讨论之。准备者为神经组织之一种情形,能发而为动作者也。或者吾人之普通阅历中另有特别情形可以加入。余以为此律一方面下定律,一方面联络本来不生关系之知识。目下可讨论满足与烦恼律矣。"

"君遗漏用与失用律矣。"

"余以谓先述满足与烦恼律为佳,故有意遗漏之。在申述之前,吾人必知所讨论者何事。少数感应结吾人生而有之,其大多数在呱呱坠地之后逐渐学得者也。一部分内部之联结适于今日之文化而应保存者也,一部分则不适而应改革者也。学习者求新联结而改革旧联结之谓,而吾人最普通之工作尤在使联结强而有力或使联结弱而无能也。"

学习之定义

"君谓使联结强有力,究属何意?联结何时为强,何时为弱乎?”

“吾人变更感应结时,使反应(R)易随刺激(S),或随之更为敏速,或更为确定,则使联结强有力矣。不然,则使联结弱而无能。虽然,吾人使联结软弱时,实使一替代之联结强有力也。依教育原理而言,此实最良之法,使不佳之联结退化也。”

使联结强有力

“所有联结皆能变更之乎?抑亦有数种,非我人能力之所及乎?”

“有数种联结实非教育之能力所能改进,如反射(reflexes)是也。彼等属于身体机械之动作,教育之有限,实为自然界所制定。虽然,吾人言学习时,限于可以变更之联结而言也。”

“吾人今可述满足与烦恼律或曰效果律。‘凡一可以变更之联结,其强弱视练习时满足或烦恼而定’(A modifiable bond is strengthened or weakened according as satisfaction or annoyance attends its exercise)。”

满足与烦恼律

“吾人去夏学习教育心理时,教授率全级复习以下一语曰:‘满足使联结强,烦恼使联结弱。’(Satisfaction strengthens, annoyance weakens)然后再嘱复习全律。其结果各人深铭于脑中,此实一极重要之学习律也。当余初闻之,未知其有补于教师之功如是其大也。余观察儿童之阅历愈深,而愈信此律实为学习之根本,而应为学校进行之根基也。”

“请进而言此律对于教学上之希望。”

“余信此律有实用之效。心向于目的为志愿。志愿坚强,则心向能促达其目的。盖心向使多数感应结预备达此目的也。当其成也,此神经组织与成功均获满足。满足则使所用之联结更有能力。目的之足以助学习,必然之理也。由心向而准备,而成功,而满足,而学习依次而进,岂非然欤?”

“君之说明,犹迷途中之指引也。”

兴趣与学习

“此说可否解释兴趣与学习乎？余常信兴趣能助学习，今则更信其然矣。”

“诚然。做事有兴趣，是谓心之所向。而内发之动力及思想之准备，皆足助其成功也。”

“君意感觉亦能准备乎？君真以为余目能视兴趣所在之物，较他物为清楚乎？余意谓目如镜，如摄影机，各物在目之前者，均能见之。”

“目果能见各种以目为焦点之物，如镜之能照各物也。然君之见各物则不然。君于眼帘前无数事物中选择其一二而注意之。所谓选择者，即君彼时之心向选择此种准备最有意味之事也。君不见女子在途中购新帽时，见妇女用品店窗之陈设较诸铁器店窗尤为敏捷乎？彼两眼若仅为视器，亦可见铁铺窗之陈设矣。然此种可睹之物未遇自内发出之反应，视物之真实而有效者为选择的，依此时之心向为转移也。听觉亦然，其余感觉亦无不然。”

“是以兴趣之功用为科学的事实，非仅感情作用也。余尝闻苦思冥索者不顾兴趣，君亦闻之乎？”

“君或尝闻此说。此以感情反抗正当之议论也。然兴趣为心理生活之重要分子，为学习之真实辅助，确切不移也。”

“然则君不反对兴趣与努力乎？或者兴趣与努力，吾人只能择其一而不能兼有之乎？”

兴趣与努力

“诚如君言。余非特不反对兴趣与有价值之努力有直接之关系，且深信此说为然。兴趣属于自然的，为努力唯一之基础。兴趣愈浓厚，努力愈勤奋也。”

满意感与学习

“君述效果律（即满足与烦恼律），一若有科学之基础者，心理学家不尝有反对之者欤？余尝闻某人之试验，使鼠学习途径，误走而责之，则学习速；不误而奖之，则学习较迟。满足效果又如何解释此例乎?”

“兹有二条答复:(一)依上项说明,效果律包括满足与烦恼。鼠因责罚而学习敏速,或因奖励而学习敏速,胥与此律不悖。任何学习皆效果所及,假定他种情形相等,两种并用,则学习最速,是则满足,差则烦恼也。(二)依余所知,心理学家中,只有华生氏(Watson)一人反对此律。而氏所持争论之理由极不充足。著名心理学家虽有疑此律为不能赅括一切者,然皆以此律作为事实,仅提议再加根本上之思虑以说明之而已。”

“假定某人反对此律,彼能常用责罚乎?”

“设此律并非真确,实际上责罚在学习历程(learning process)中亦无地位。有人反对此律者,彼亦不能承认鼠误走受罚,因痛苦而易于学习也。”

“各人对于满足一名词皆有相同之了解乎?君以为满足则愉快,烦恼则痛苦乎?”

“非也。余未尝以满足与愉快有同一意义。其义有时或同,然不相同时较多。设余择同义字,余宁用‘成功’与‘失败’,实则伍德沃思氏即用成功与失败以代满足与烦恼也。”

“君之议论请勿剖析毫芒。倘君所述之学习律有应用之功能,请进而解释吾人可如何应用之?”

效果律如何应用

“有学生张诚者,不善于学习算术。某日,在教室中,教师问伊曰:7×9为几?伊狐疑不决,不知72,抑56,抑63。姑依次试之。彼乃曰:‘72。’教师默然,数学生急举手欲言,一二学生欲笑而力忍。教师曰:‘否。’反应曰‘72’因未成功,不得满足。彼对于教师同学察言观色,知72为错误之反应,因失败而烦恼,且窃笑者增其烦恼。于是冒险曰:‘56。’仍因失败而起烦恼,更切望此次之不差。切望愈高,而失败后之烦恼亦愈深。末后曰:‘63。’而成功矣。因上二次之失败及附带之烦恼,此次之满足亦愈大,于是效果律曰:彼以后不易说‘72’,‘56’,而易说‘63’矣。倘常有如此情境,彼将立刻曰‘63’,百不失一矣。”

“君谓‘常如此’,岂非即引用练习律乎?”

用与失用律

“诚然。‘42’与‘7×6’联络一次尚不足也。欲切实学得,必多所练习。复习之必需,吾人知之久矣。练习律之意,在范围之内,反应一种刺激之次数愈多,此二者(R与S)中之联结愈密。易言之,当同样刺激之来,反应将愈正确而纯熟也。”

“余愿知效果律与用与失用律如何相辅而行。依余所知,用与失用律或练习律仅曰效果律适于第二时机,第三时机耳。倘结果满足,一而再,再而三,即养成依此而行之习惯。倘结果烦恼,一而再,再而三,即养成不依此而行之习惯。然乎否耶?”

“就吾人已讨论者言,君说诚是。然亦有例足以证明练习律与效果律独立之时。假定当吾人讨论时,忽闻一震耳之声,为有生以来所仅闻,君谓吾人将常忆之乎?”

“吾人必记忆之,且历久不忘。”

“君以为吾人闻后,因满足或烦恼而常忆之乎?抑其声音之宏大为主因乎?”

“倘此声极响,为吾人所仅闻,其震吾耳鼓时,烦恼则有之,满足则未也。而吾人仍能忆之。余更以为因刺激深而烦恼所致也。君以为如何?然此说似与效果律适相反,余甚惑焉。”

“余以为听觉练习之强度为记忆之主因也。”

“然则练习律有二部分:一曰练习之次数;二曰练习之强度乎?”

"然,尚有第三部分也,名曰'接近'(recency)。倘有二种经验,他事相同,则较为接近者易于记忆也。"

"岂非失用律(Law of Disuse)之另一说法乎?"

接近与失用

"然。倘张诚数月不将'63'紧随于 7×9 之后,联结渐不固。或问之曰,7×9 若干? 彼亦未必能答'63'也。各种学习皆有如此趋势。联结渐不固,而致废弛也。"

"君以为事实上吾人每事均将忘却乎?"

"非也。余谓其有不固与废弛之趋势。但熟习之事信口而出,积久不忘。即使忘却,再习时必觉甚易。当吾人多用一次此种联结,即多一次更新之机。故常闻人言,能忆三四岁时之阅历。其所以能保存此种记忆者,因每隔数年,必复述一次;至少每隔几时,将此阅历思维一周也。"

"余尝闻人之能忆愉快之事,较寻常事或不愉快事为久。"

"此种思想非无理由。大多数成人回想童年,以为纯粹快乐时代。而多数幼童在此时期,未必如此想也。所以能久持愉快之事者,或为愉快之'效果',或则效果律使吾人于快意之事,久留脑际;而于不快之事,则常不愿忆及也。则愉快之记忆,较不愉快之记忆,多所练习故耳。"

记忆愉快之事较易

"倘余明了君意,可总结如下:吾是否有重复一反应之趋向,以反应次数之多寡及满足或烦恼为转移。满足则有重复之趋向,烦恼则非特无重复之倾向,且有背道而施之势焉。"

"效果律与练习律实如此相辅而行也。"

"倘余久不用一反应,余渐失用此反应之能力与趋势乎?"

"然。此为失用之原则。"

"然则余能记忆一事与否,恃经验之深刻,而不在乎经验之愉快与否乎?"

"依大体论,吾人易于思及并忆及愉快之事。而不愉快之事则不然。更有进焉,愉快之记忆易于持久,不愉快之记忆则否也。”

沉思挫辱

“然亦有人焉,以沉思挫辱为乐者。”

“诚然。彼等因沉思挫辱而满足,于是能历久忆之。许多不如意事起初仅为想象的,但沉思过久,印成记忆,遂与真事实无异矣。”

“吾人思虑阅历之方法是否足以影响于吾人生活乎?”

“诚然如此。道德学家常知之。思想足以影响生活。假定余与一人发怒,当余怒时,告之曰,吾视彼为何如人,视彼之品行为何如。余觉满足乎,抑烦恼乎?”

思想如何引导效果

“倘君真怒,君必乐于出言不逊。愈伤友人之感情,愈悦。但及后抚念往事,君必追悔。当君深自省察,君必悔悟彼人或为君多年之知交,而君之所以忿怒者,或全由于误解。当此时也,君起初之满足或化为极大之后悔与烦恼矣。”

“然则效果如何?以后余将趋于盛怒恶言乎?”

“倘后悔之烦恼较起初之满足为重大,则下次必不怒言矣。”

“然。余悔悟之理由不同,有何分别乎?余或后悔无自制力,或后悔不应开罪于一大人物,或后悔不应误会而骂人,同时仍赞成怨恨时可发怒言。然则效果是否视后悔之如何乎?”

“君说良是。倘余悔无自制之力(无论对方之人或是或非,或大或小),则下次将自制。倘余仍能自制怒气,以对付致怒之事(致怒之事愈大,自制力亦愈深),以后再加思考,而以自制为是,则将来不发怒,将成余之特性。而余为一有自制力之人矣。假定余悔恨得罪一大人物,则余下次骂人时,将慎重而有分别。他日余或为一好争之人,或为一拘谨之人,或为一强暴之人,只求争论时获胜,仍不免发泄怒气也。”

“余知之矣，此全恃思想之如何也。”

“教师于此岂非得一新教训？吾人应如何使学生详细思维彼等所做之事，何处为是，何处为非乎？”

“此实包括学生所做各种之事——如写信、烹饪、手工、游戏、调解争闹等。”

“余未敢以君意为然。君可任意侈谈思想，余意有思想而无实行为无价值，甚或较无价值为尤坏。人之常思己过者尽思己过，于世无济也。余宁有一有勇而能做实事之小人，不愿有十数纷呶之伪君子也。少年伪善，年长时亦伪善。君只重思想，误矣。盖吾人所欲者，动作也。”

动作应随思想

“此说非是。谁谓吾人仅信思想而不顾动作乎？数分钟前，吾人曰：‘倘下次余能自制其怒’，对于招怒之事切实抑制，岂非动作乎？君实发言太速，然谓有思想而无动作为无价值，君言实亦有理。若谓吾人并不注重动作，则君非也。”

联想之迁移(associative shift)

“吾人岂忘却所讨论者为学习律乎？余为此所云云离题太远矣。凡此均极有兴味而有价值。但此外不尚有他律乎？去夏余常闻联想(association)或曰联想之迁移(associative shift)。余宿舍中之同学常述及之。然余未读此科，不知其何意也。”

巴甫洛夫氏(Pavlov)之犬

“试述一例，或可使‘联想’之意明白。以肉置狗口中，同时摇一铃。狗因食肉，口涎流滴。如此常常试验，多日后，仅摇铃而不置肉，狗之口涎亦流出也。”

“此实大有价值之例，以说明‘联想’或‘联想之迁移’，或称之曰‘交代反射’[1](Conditioned Reflex)，请君再解释之。”

“余谓其始也，唯肉使涎流，铃无效果也。但数日内铃响

〔1〕 交代反射即条件反射。——编校者

与肉之来相联结，而实际上与涎液之流亦联结矣。及后只有铃声，亦足以引起涎流矣。倘非数人以同一方法试验数狗，则此例一若奥妙不可测也。”

“余谓此例极奇，岂真有其事欤？其可信欤？”

“此实真确之实验，经试验者屡屡矣。不见善教犬者，一呼‘立起’，犬即人立乎？所举之例亦犹是也。君示犬以肉类，而持之不释，犬必起立以得之，而同时君曰‘立起’。练习多次而联结成矣，是相同也。”

“余知此矣，尚有其他明证乎？”

恐惧之原由

“试以一兔示一幼孩，彼方欲以小手玩弄之。方是时也，就近发一粗厉之声，此孩因畏惧，缩手不敢弄兔。翌日示以相同之兔，同时发相同之巨声，此孩又退缩而现恐怖之态。如是者数日，及后，仅示以兔，不发巨声，小孩亦恐惧矣。此为极有趣味之事实。其始也，此孩有二种自然（内发）之反应：（一）见兔时（S_1），欲戏弄之（R_1）；（二）闻巨声时（S_2），惧而退缩（R_2）。戏兔之第一反应（R_1）未竟，完全让步于恐怖之第二反应（R_2）。其后也，仅见其兔（S_1）亦足使孩恐惧而退缩矣（R_2）。”

“儿童之学习非皆由此法乎？余意儿童之恐怖黑暗或蛙亦由此种联想之构成也。”

“此乃常事，余以为责罚幼孩之后，再恐吓之，亦非也。其实责罚后，吩咐一二语即足。可使心理上有正当之联想也。”

“君何专指幼孩？稍长之儿童即不然乎？”

“儿童稍长则稍异。试再察幼童与兔，假定此孩已知巨声由人为，彼将不以巨声与兔联想，而与人（试验者）联想矣。于是此孩不致见兔而生惧。儿童愈长，愈易将巨声与兔之思想分开，愈不易见兔生惧也。责罚亦然，年龄稍长之儿童，责罚不易有效，亦由此也。”

“君以为责罚不能深思之幼童，易于生效乎？”

“以大体论，此等矫揉造作之责罚，确于儿童易为生效也。因幼童易受欺骗，心理上之联想亦较为接近。年长之人，他事或相同，责罚愈专擅，所需之联想愈难发生。责罚愈自然，则学习时愈速，而愈佳。以不正当之责罚施之儿童，或竟有错误之学习，如发生怨恨或变为狡猾是也。”

责罚与联想

“此问题之一部非与昔所讨论之悔恨相同乎？吾人学习非依满足或烦恼之所在乎？”

“年龄稍长之儿童能明白成人之用意，而彼自能依己意以解析环境。倘吾人鞭挞儿童，或以他法责罚之，吾人应注意儿童对鞭责之感想如何。倘彼诚悔悟其错误，则下次或不再犯；使仅懊悔其不早逃避，则下次必早远遁，以免留而受罚矣。”

“凡此皆极有兴味，余从未梦想心理学能如此裨益教师以改良其教学法。所讨论之许多学习律中，君以何者为最要，而应常铭刻脑际乎？”

“倘余只能选述其一项，则余必曰：满足与烦恼律。因吾人由此习许多新学说，此实最为扼要(strategic)。”

效果律之扼要价值

“君意何指乎？”

“余意今日之学校未能十分注意于效果律，不能引起学生敏速之反应，一也。不能明了儿童在欲得之事中发生满意，二也。误以只有练习为已足，不知因练习而得烦恼，则易趋于失败，三也。倘教师能深思熟虑之，所获效验，岂浅鲜哉？”

第三章

学习之又一见解

思想之神经的基础

“吾人上次讨论未曾涉及神经系。吾意讨论学习心理而不涉神经原(neurone)与神经关键(synapse),殆不可能。吾人上次竟实行所谓不可能者,而结果良佳。然余终以为苟能了解神经关键,必可得益不少。”

“余对于所谓神经关键以及君所言之其他各事不知之,亦不欲知之。冗长之名词为君等所耽好,而余则最为反对。尝闻有所谓‘名词迷’者,诸君中或不乏其人,否则何故舍常识而骛新名词乎?”

“余以为此学习之新见解实有益于多人,余即其一也。君苟学焉,亦必好之。凡吾人所不习见之名词,初若奇怪,习焉则不觉矣。”

“上周吾人研究学习问题已有良法,今岂另有他法耶?此新法与前法相合乎,抑相反乎?”

“另有他法,而二法并不冲突,且可互相发明。君当忆上次讨论,吾人谓一切行为可以刺激反应之联结解释之。先有引起动作之刺激,后有所引起之反应,名之曰‘刺激反应联结’(亦称感应结)。缩写之符号为 S→R。假如有一顽梗之男孩于此,问其一语(S),则瞠目咋舌(R);其母嘱其稍为安静(S),

则非搥击金属器则大声狂呼(R)。此孩之神经组织究属如何,其反应何以如此不良乎?其姊则绝然不同。有所问(S),即欣然而答(R);母嘱伊略静(S),则非特肃然,且道歉曰,实不应扰乱他人也。外界之环境相同,而反应各异,何也?岂姊之不能咋舌作态乎,抑弟之不能答吾问乎?非也,以能力论,各能他人之所能,然则何以异乎?"

"男孩'不好',女孩'好'而已,尚有何说?"

"君宁谓弟有不良习惯,而姊有良好习惯也。"

"余以为与其说'好'与'不好',不如言习惯之善良与否。然即如此回答,仍不能推本穷源也。吾人研究神经系后,可以知行为之传递及其直接之原由矣。假定举一极简单而自动之动作若膝腱之反射为例。若一人坐而叉其膝,试验者击其膝腱,此人之足与胫即向外直射。夫膝腱反射之时间极速,曾经测量为 1/300 秒耳。时间虽短,而此动作非若吾人所思之简单也。"

感觉神经与运动神经

"余尝闻各种动作由一神经(nerve)或一部分神经传达刺激到脑或脊髓,而另一部分之神经传递运动反应。但简单如膝腱反射亦如此乎?1/300 秒实一极短之时间也。"

"然。君所闻者是也。一部分之神经原常传入刺激,而另一部分递出运动反应,其间则常有中枢神经以联络之。"

"顷刻前君言神经,而兹又言神经原,二者何异乎?"

"神经由多数神经原组织而成,犹一束之海底电缆由无数电线制成也。神经原一名词较便于思想。"

"神经原是否为交通联络中之一单元质乎?"

"近是。"

神经关键之定义(a synapse defined)

"今日讨论之初所述神经关键为何物乎?"

"神经关键为二神经原接合之点,由此而刺激跃起。一神经原常有一接受之端，为树枝状体(dendrite)；有一长线般之轴状体(axon)；又有一发射之端，叉出如鬃刷然。神经关键者，为第二神经原接受之端与第一神经原发射之端相会之点，距离相近，足使消息流通也。”

“倘余能见一图画，当易于明白。”

简单之反射弧

“下图可以解释膝腱反射。此系包括二部分神经原，ABC名之曰感觉神经原(sensory neurone)，DEF为运动神经原。刺激依箭头而进。试验者轻击于A，无数感觉枝端接受刺激后，即依ABC神经原直进至脊髓中神经联络处(center)(脊髓不在图中)。于是运动反应之刺激起矣，由DEF神经直进而至F，即分播于诸发射端，使相当之筋肉发出动作。此膝腱反射之经过情形也。”

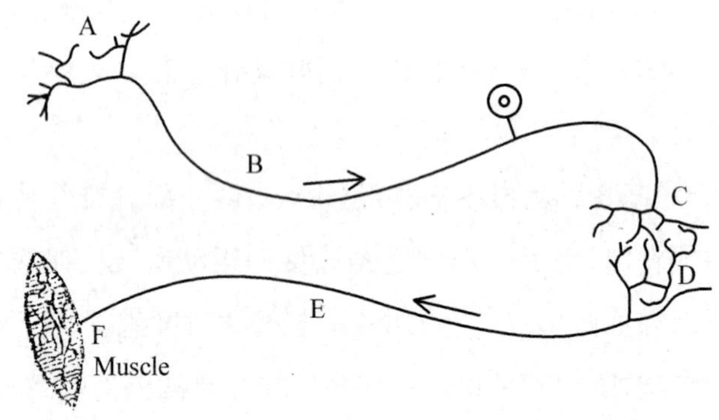

图1

“君意膝腱反射之动作，在反应之前，其刺激亦经神经原而达脊髓乎？”

中枢神经原

“是诚余意也。然普通论，联接必更复杂。在脊髓神经中或有一种中枢神经原所以联络感觉神经原与运动神经原也。反射当然为最简单之动作。有意的动作最为复杂，因尚须牵动无数大脑中之神经也。”

“君谓膝腱反射为神经系极简单之动作，只须1/300秒。

较为复杂之动作需时略久乎?”

“动作愈复杂,需时愈久。譬如一手被动,即以一手按电铃,需时仅 1/1 500 秒。视觉之反应只需 1/1 800 秒。如吾人欲选择数种刺激,反应其一,而弃其余,则需时略久。以普通论,愈需思想,则反应需时愈久。”

“君意所需之时间愈久,则牵涉之神经联接愈多乎?”

“此说依大体论诚是。然亦有人较他人敏捷,此为另一问题矣。”

“如此简单之图示,不且弊多利少乎?”

“余谓颇有益,君意云何?”

“余尝闻一讲师曰,心理学中太简单之图足以滋初学者之误解,故反对用之。”

“君以为吾人所用之图亦太简单而使人误解否?”

“余不知,余欲询问以求知耳。”

“余意若简单之图足使初学以为事实上之神经组织即如此简单,固有危险。然苟足令人易于明了学习如何由来,则其利也。”

“利弊互见之中,君谓利多于弊乎?”

“若善于指导学习者,则利多也。”

“此种议论似佳,然究有何用乎? 吾人目下于如何学习,或如何教授,稍添新知识乎?”

“请告吾人以学习。”

“尚有一点先需说明者,生活中最普通之现象,即遇一种反应无成效时,再试他种反应也。上周吾人讨论一儿童背乘法表,而不知 7 × 9 为若干。先试‘72’,再则‘56’,末后则‘63’。此种动作为神经之枝分。兹以下图明之。” 反复试验

“在教师申说之前,此儿已预备回答(虽不切实知之,若有

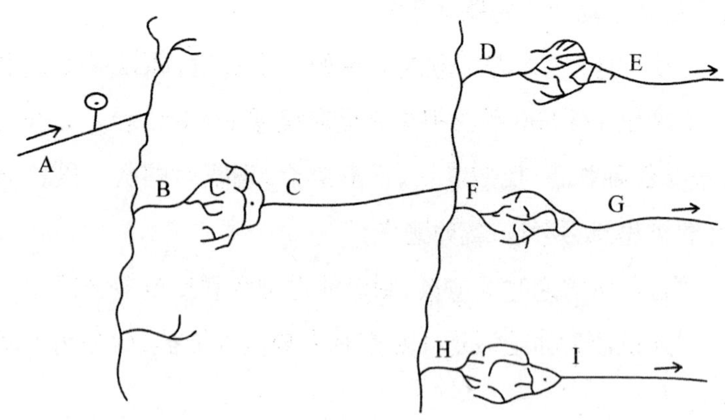

图 2

相当之暗示，则将变更其所见），依彼预定之次序‘72’，‘56’与‘63’。试阅上图 DE 一路（神经关键）（指 72 之一路），接触较近，故较易动作；而 FG 一路（神经关键）（指 56 一路）则较 HI 一路联接较近（指 63 一路）。”

“教师曰‘ 7 × 9 若干？’张诚曰‘72’。因未成功，烦恼随之。教师再曰‘ 7×9 若干？’张诚试言‘56’。再失败而烦恼再随之。教师再问曰‘ 7 × 9 若干？’张诚冒险试其第三答复曰‘63’。此次成功而结果满足。”

“假定此后教师立刻再问曰‘ 7 × 9 若干？’则如何？”

“教师立刻再问时，倘张诚有普通之智力，则立曰‘63’。”

“教师等待 10 分钟后询之如何？”

“张诚或答‘63’，或否。”

“视何者为转移？”

“视彼之能否记忆。”

学习之真意义

“吾人似亦可以图解释之。人之记忆，其始也，DE 一路联接最近，而 HI 一路为三者中之联接最不近者。当张诚答‘63’成功之后，设立刻再问，则结果如何？”

“余以为于是 HI 一路将为三者联接最近者，而其余两路之联接将略松矣。但余亦不敢必也。君意此三路各有变化乎？有生理上之变化乎？此各路中之细枝起变化而较为接近或分开乎？”

“今日专家之意见如此。伍德沃思氏绘图以状神经关键之四阶段，因练习成功，其联接愈趋愈近矣，而第五者因积久失用，其联接渐弛也(如图 3)。”

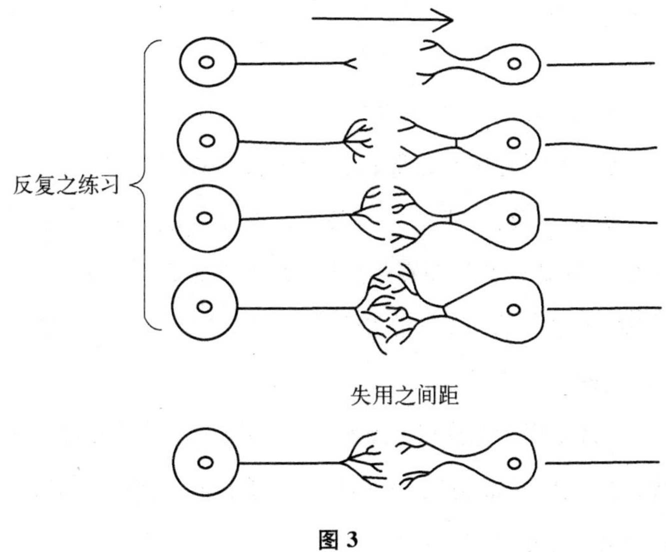

图 3

“然则教育之意为使神经关键发生变化，以使正当之联接愈近，庶刺激之来，于诸路中能选择此最近之路也。”

“诚然。倘吾人明了联接由应用而成，斯真学习之意义矣。(吾人有时谓身体渐长而然，儿童成熟而然，实则非也。)”

“然则斯为学习之意义。今始知君何以特别注意于刺激反应之联结也(S→R)。学习之意为变化神经途径，所以使新反应 R 接于旧刺激 S 也。此为前所未讨论。即吾人所已讨论者，亦更明白矣。”

“各种学习律皆有关于传递刺激于新途径，以引起新反应欤？”

"是矣。成功与满足使联接近,失败与烦恼则使联接弛。余喜观图中每端之纤维伸出或接近或退缩。此足以助余明了也。"

"余对于此种联接有一可笑之比喻。君不见蜗牛之触角乎?无事则触角外伸,一遇侵害即缩入矣。君或笑余稚气,但余以为许多枝出纤维颇似触角之伸缩焉。成功而满足即伸出,失败与烦恼即退入。唯于永铭不忘之学习,则其纤维较固定耳。"

"依此观念,准备何意乎?"

"准备为暂时引起之联接。假定某人精通中、英二国语言文字。或语之英文,则所有英文字之联接均起,国文之联接若沉睡焉。忽见一名马即操国语曰,此千里驹哉!"

准备与心向

"若名之曰心向,岂非较切于准备乎?余以为名之曰准备,似包括太广矣。"

"如君意指全部之变化,则可名之曰'心向'。如指特殊之联接,则名之曰'准备'。盖心向适用于集总神经之总体,而准备乃适用于神经之个体也。"

"此较前明了矣。每一准备之由来因适当之神经原在同一心向中与其余有效之神经原联接也。"

"然则志愿与意志如何插入此生理之讨论乎?"

"实际上吾人已答此问题矣。须知志愿者,对于目的之心向也。倘观念中有一目的,竭力达之,犹言心向与准备如何发生作用也。君当忆上述之女孩欲得一洋娃。其心向为有组织之神经原有持久之趋势,作一种反应。吾人名此趋势曰达到目的之努力。若此反应为阻力所催折时,趋势或甚强固,能于有关系之神经原中自觅一路焉。此类神经原于是准备;倘活动焉,则吾人名此活动之结果曰达到目的之次序或方法。倘成功达其目的，则满足而学习随之也。”

“余因此而忆及桑代克之言曰：

> 一有机体之态度或心向或适应之势力以有目的之行为为最紧要。盖所以决定：（一）何种联结须发动作；（二）何种结果将为满足。（*Educational Psychology*，Vol.Ⅱ，p. 51）”

“此对于事实确为极好之说明。”

“但志愿如何插入乎？”

“各人意见不同。余以为意志者，心向动作之又一名词耳。当二趋势冲突时，一趋势得最后之胜利，此即志愿也。”

“然则君谓志愿在诸神经原活动中乎？”

“然。”

“学习是否在心向与准备之活动中所得之结果乎？”

“习惯与学习为结果与程序也。学习之结果为习惯。易言之，即一固定的神经关键也。”

“余今更明了矣。刺激反应联结 S→R 之意义更丰富矣。刺激 S 使余思及枝出感觉神经接受之端，而反应 R 为最后枝出发射之端，而箭头（→）为两者中之一路。学习者，变化神经关键之纤维使刺激走一新路之谓也。盖今有一新箭头（→）联接一新反应（R）于一旧刺激（S）也。”

“然则神经原与神经关键诚使吾人易于明了学习之意义与学习之由来。”

“余实获益焉。”

第四章
学习之简例

心理学之实用

“余所欲知者，心理学如何可发生效用于学校？若夫无裨实用之学理，余不甚注意。或者仅喜炫学理之奇妙，余则愿学理之有实用也。”

“余深以为然，且愿讨论余所教之一级始。自变更课程表以来，余之学生常往返于二教室中，非特步行，且疾驰焉。非余常怒目以视，难望有正当之行为也。吾校校长虽不以为虑，而余谓此级实应受训诲也。”

步行之一例

每生报告自己之无秩序

“某教师曾有相同之情形。一日谓全级曰：‘汝等往来于两教室，全无秩序，汝等知之。他人亦议论之。今日余令汝等各自注意如何走法。俟回本教室时，余将逐人询问。自知步行不整齐者须举手。余预告汝，并不责罚汝等。除举手外，并不嘱汝另做何事。但余切愿汝等自己注意，并报告之。’”

“此法倘施于余之学生必无效，诸生但喧哗说谎耳。倘余不责罚或预先不恐吓之，彼等非特举手，恐秩序将愈乱矣。”

报告未毕

“且俟余报告终结后再讨论。最初与君述之情形略同，其无秩序犹昔。当教师嘱举手时，举手者并不甚多。”

“诚如余所告君者。儿童生性如此，彼等不能寂静而常说谎，至少一部分学生常如此也。故除责罚外，更无他法。虽常用恐吓手段，尚不十分生效。君所云教师所行之法，即请续述，余愿闻之。”

一生责他生未报告

“此教师静立，而以失望之态度视全级。有一男生不顾教师起立，指另一学生曰：‘汝应举手！汝与他人同样吵闹，汝自知之！’此生窘甚，伏而不动。其余学生亦有不悦此生者。教师使各生细思此情境数分钟，于是曰：‘明日吾侪将再试之。余愿见所有应举手者皆举手也。’”

第二次吵闹者少举手者多

“翌日，教师以严重而非苟责之态度警告诸生曰：‘汝等步行须静。若不遵秩序，则须举手，此次吵闹之声略小，而所举之手反较多，且全级有自觉成功之概。既非自矜亦非互竞，而自有一种得胜之气象。其视与前有显著之分别，教师能感觉之。更有进焉，虽自认不守秩序者较多，而学生视教师并无对抗之意，而渐相融洽。如是者历多日。所举之手愈少，而秩序愈佳。末后学生往来教室，颇有自治力，亦无需教师之督责。依教师之判断，学生能说诚实之言矣。”〔1〕

“此实一良师之经验。然余不知与学习律有何关系。此为人格之功。其学级中原有良好之儿童，而教师人格又足以感化之。余常言人格为教学成功之要素。……”

学习律如何得以利用

“但学习律实寓乎其中。教师之机敏颇为显明。而彼之人格亦为一要素无疑。然其应用学习律，极为机智巧妙也。教师或未熟虑学习律之来，而学习律自在其中。吾人可细察其在何处与如何应用也。”

“余以为二语足以总结学习律：（一）练习得满足，（二）错误得烦恼。吾人可先试此二语以观其应用也。”

练习何事

“甚善。吾人即用此二项可先问教师，欲使儿童练习者

〔1〕著者按：此为确实之事，唯节目稍有变动耳。

何事?”

“往来两教室,步行须静。”

“只此而已乎?”

“言语诚实。”

“教师诚欲学生练习此二事:步行肃静与言语诚实。彼等曾练习此二项而满足乎?”

“其初未也,然余亦不敢必。”

“实际上如何,第一日儿童步行静肃乎?”

“少数或静,多数未也。”

“彼等练习而满足乎?或错误而得烦恼乎?”

“第一日,余未见有何效验。”

“彼等练习言语诚实否?”

“有然,有否。”

“错误者感烦恼否?”

一生指出不诚实后感烦恼亦有满足者

“最初未也。然一生责他生之吵闹而未举手后,错失者始感烦恼。其余因不诚实而未举手者皆觉羞惭,此为烦恼。而所有举手者均深喜彼等因诚实而举手,此为满足。而步行静肃者较前更为愉快,因彼等曾遵守秩序也。此为满足。余意谓此生指出不诚实时,使全级运用思想。而思想则指引满足与烦恼于正当途径者也。”

“第二日如何?”

练习而得满足

“步行静肃者较多于前。彼等于步行之际及后举手时,均得满足。而无论静走与否,每人均说实话。于此亦得满足焉。若第一日教师不能忍耐,则结果如何不可知矣。但逐日练习,结果极佳。第一日后,儿童切实准备(ready),一方面注意步行,一方面说话诚实。”

准备如何加入

“君用准备二字实甚切当。君引用时,或未与吾人所讨论之准备律相应。儿童于注意行步时较为准备(readier),于言语诚实时亦较为准备。君当犹忆学习律:‘当联结准备动作时,动则满足。’儿童亦因准备而得满足乎?”

“其要点在教师说明并不责罚学生,使易于说真话,因而无掩饰诈欺之激诱也。倘学生步行时能自治,彼等自知此为分所应为,而非因恐惧、责罚或其他激诱始为之也。”

不责罚如何有益

“此情境中最佳之一事为教师与学生能共同一致。余觉儿童有时对于教师不啻仇敌焉。”

“步行不守秩序之学生曾否因错误而烦恼乎?其后因诚实而欣然举手,曾否忘却不守秩序之错误?倘若忘却,是否于做错之事亦‘练习而得满足’乎?”

“于最初几次,君所过虑者容或有之。但二者中,以言语诚实尤为重要。先得其一,自得其二。在此例中,言语诚实既易学习。既欲说实话,乃不愿再举手也。”

“此教师曾利用学习律,君意然否?”

“伊非特利用学习律,且措置机敏。”

“然则详察教师如何教法与学习律如何应用,较诸仅说一空虚之名词曰人格(personality),岂非较善之解释乎?”

人格非圆满的解释

“人格者岂非一种能力与性向,足以使用(有意识或否)学习律,既机智,且巧妙乎?”

“或者如此,然吾人必思及其他条件。”

“从此例言,吾人是否应引起准备,以练习正当之操行或功课。于是正当则满足,错误则烦恼?如是而已乎?”

“是已得其大要矣。准备、练习与效果,此三者盖足以总括学习之条件也。”

“舆论(public opinion)与此例亦有关系否?与学习律有何关系?”

舆论有何关系

"舆论当然有关系,至少在第一日以后。当一生指出他生之不诚实时,凡诚实而举手者均以吵闹而未举手者为不公平。此生之言表示群众之公意。次日以后之公意至有势力,足以纠察人之言语诚实与否矣。"

"此说诚是,但余未见学习律也。"

舆论如何利用学习律

"有合于舆论而动作者,有反对舆论而动作者。舆论之赞否足以增加满足或烦恼。舆论又增加其准备,使练习正当之行为,合理则满足,错误则烦恼,而学习律自然运用也。"

"依此讨论,吾人可推知学习律无时无处不适用否?"

学习律之常存

"诚然。盖学习律常存于人生行为中,犹化学定律之常见于化学现象也。"

"此说若信,则何必多所讨论?倘学习律随时随处可实现,则听其自然可耳。"

应注意学习律有良好之作用

"学习律虽常实现,其作用未必利于吾人,或且有害焉。在化学实验室中,药品有时爆炸,为害至巨。而化学定律之作用在爆炸时未尝不实现也。故吾人之职务为求知事物如何作用,使其作用有利,而不致为害也。"

"君以为母之放纵(spoils)其子女,亦依学习律乎?"

放纵与学习律

"无论其曾闻及学习律与否,实则依从之。吾人可解析此例,先问何谓'放纵的小儿'(spoiled child)?"

"倘儿欲得何物,则必得之。如不与,则吵闹至得之而后已。"

"其行为唯彼之所欲是归。苟不能获其所欲,则必吵闹取厌,非得不止也。"

"此种特性为思想与行为之习惯,彼之专欲自营,岂非由学习得之者乎?"

"设此为习惯,彼必学习得之。"

"倘由学习,彼必曾练习之。余以为彼必曾'练习而得满足'焉。君意如何?"

"此说或是,彼之母或保姆必尝使伊练习此不正当之行为而得满足也。"

"彼学习时亦依学习律乎?"

"余知其必然也。彼尝因吵闹而得其所欲,是则彼实习吵闹,而满足随之。学习律实无时不在。吾人之职务在使其作用之有利而无害耳。"

"吾人何不引一算术或地理,或英文作文之例乎?倘学习律诚有用,吾侪教师何不利用之?"

"理应如此,但不常易耳。"

"何以不易?"

"第一因学校课业不常顺应于儿童之本性。倘不能顺应,或不甚顺应,则吾人所教功课中极难有准备,亦不能从功课中得极高度之满足,而转有使学生仅得烦恼之危险。"

"君言或是。但吾人能否觅出适于平常学校课业之例乎?"

"当然能之,君尝见儿童写一信时,有极厚之兴味否?"

写信与学习律

"余忆余之四年级学生演剧将请五年级参观时,彼等计划如何写信邀请,并说明何以演剧,彼等有浓厚之兴味。"

"如拼法、写法及书信格式诸问题,皆曾提出讨论否?"

"儿童作此信时,十分注意于格式之不差,用字之适当等。较诸余嘱彼等所写之信为佳。"

"其于学习正当格式有准备否?"

"确有准备,此即所谓兴趣也。彼等应用其所习最好之格式,迨稿成而无人复能批评,始觉满足。"

"彼等学习何事乎?"

"当然从此之后，彼等对于书信之格式无复困难。余从未见全级学生学习如此之速也。彼时学习之虚字新用法，亦能记忆。此外若应对宾客之法，亦同时学习之。彼等有一委员会，出迎五年级宾客，导引入座，给以会程。游艺演剧毕，款以茶点，尽欢而散。后六年级之教师谓余曰，数女生(即四年级时余所教者)常以此经验为游艺会之标准焉。"

"学习律曾应用乎?"

"诚然。曰准备，曰练习，曰满足，皆应用焉。有错误时，则感烦恼。事后，彻底讨论，何者正当，何者错误，成功则满足，而失败则烦恼也。"

"然吾人仍未得一日常功课之例，君等均口若悬河，以讨论罕见之例，盍一论日常之课业乎?"

如何成功足以利用学习律

"即以最沉闷之功课论，此课或不应如此沉闷，或不应由此教起，或竟不应教。若必欲教之，则最良之法，殆莫若使工作趋于成功(work for success)。盖成功使人兴奋，而失败使人意沮也。"

"君谓工作趋于成功，何指乎?"

"余意预为计划君之课业，使每生能觉其成功。倘伊今日成功，明日愈准备，此新准备非特易于成功，且加增满足，而满足即学习也。余尝见不良学生得其所能学习之课业后，其成绩乃大佳也。"

"君将使课业简易，俾学生易获成功乎? 抑如此亦有危险乎?"

勿太易亦勿太难

"课业太易，亦有危险。其实非经努力，虽成功亦不感愉快也。排除障碍，竭尽全力而始成功者，其成功最为满足。故课业须有相当之困难，使成功不易幸致，同时又不太困难，使成功之不可冀也。"

"君意困难而后成功,引起较大之满足,而学习因此增加乎? 活动中一切细目均如此乎?"

"此为一好问题。困难愈大,感觉愈深,一切活动皆如此也。更有进者,吾人由此所得之兴味渐增长,而对于教师,对于学校,对于课程,对于甘苦同尝之合作者,当养成适当之态度焉。"

"君述态度,岂亦由此诸学习律而得之乎?"

态度与学习律

"然。盖练习而得满足,足以养成态度。犹写好字、说真话以及其余诸事也。"

"余尝闻良好教师在历史、地理科中,较从前多用问题。确否?"

"诚然。此极足以证明吾人之学习律。问题足以引起思想而指导吾人寻求解答,获适当之材料则满足。寻求愈切,用力愈勤,其寻得后满足亦愈甚。因此满足而此寻得之解答深印脑中,亦与现成之解答不同。"

问题如何利用学习律

"君谓'寻得'与'现成'之解答何意乎?"

"君曾自出心裁证一几何问题乎? 倘能如此,必极易记忆此证明之法。即书中较短之证明,亦不能如此易于记忆。因君曾亲得之,而书中者为现成也。历史、地理、物理或经济莫不皆然。凡自得之解答常深印脑中也。"

"自得之解答亦助自信。"

"诚然。先难后获足以增吾人之自信。教师不使学生自获成功,实大可悯也!"

"然则君赞成近时用'问题'式之教学法乎?"

最近趋势利用'问题'式教学法

"余深赞成之,余愿以后再将此事详细讨论。"

"此问题的态度是否心向与准备之一例乎?"

"然。此即吾人将继续讨论之题——'心向'与'学习'。

在散会以前,吾人应注意今日讨论之结果。盍申说之?”

结论

“学习律无时不在,其作用有利有害。吾人必当善用之而使有利也。”

“练习得满足,错误得烦恼,二者具而效果律明。”

“‘非练习,不能学得。’此意已含于前数例中,唯措词或有异耳。”

“‘准备’、‘练习’与‘效果’三者,于学习心理几无所不包矣。”

第五章

心向与学习

“吾人讨论,即自上次终结时所述之心向与学习始可乎?”

“可。余闻心向引起准备,准备与努力而成功则为满足,而满足即学习。此理余略明之,唯愿得一事实的例证焉。”

“今有一女儿欲自制一衣,而求得其母之许可,亦有一心向否?”

“当然有一确定之心向。犹忆余少时,即曾有此种热忱与决心。所制之衣则遍示家中人,用为矜异。其时所制为一宴会之服,因适被邀赴宴。故确有一心向也。”

“亦有内的动力(inner urge)否?”

“何谓内的动力?尚有外的动力乎?二者何别?”

“请说明之。余尝知一儿童,决意欲制一飞行机,其意由内心所发。虽或劝阻之,或非笑之,而己亦备历困难,终以内心之驱迫,不顾也。此为内的动力。倘乃父嘱其往园中刈草,其刈草者,父命也。此为外的动力。仅有外的动力,则一有机会,必立弃之;一遇阻碍,必借端而止。今此女儿之制衣,为有内的动力者。对于一种目的有坚定之心向,即坚强之内的动力也。”

“此女儿坚定之心向除内的动力外,尚有何意义乎?”

"吾人前此名之曰'对于目的之心向',乃有明白确定之目的之志愿也。在此例中,女儿之目的在制成一适宜而相称之衣服,以博得他人之赞赏与惊奇。坚定之心向者,即立此种目的也。"

"准备与不准备何意乎?"

心向与准备

"前已讨论,故余知之。此女儿有心向,故亟欲考察衣服,细究式样、花纹、质料,注意他人谈论此等事项,并读关于时装之杂志。"

"此女儿所有之神经组织及心理作用,或皆准备于制衣一事,但何谓不准备乎?"

"吾人亦已讨论之。此女儿之心向足使其不准备另做他事。在衣服完工以前,彼觉家庭职务均属赘疣,彼不愿看视婴孩,或布置膳室,或按时就寝。凡神经组织之动作足以妨碍制衣一事者,皆不准备活动也。"

"凡此对于思想有何意义?此女儿亦思想乎?"

思想

"当然思想。彼必审择所制衣服之式样,必请家中诸人参加意见及批评,必选购材料,考虑价值,不使超于预算之外。此外,尚须选择式样,而后剪裁。诸如此类,皆须思想也。"

"何者引导彼之思想?何者指示以思想之问题?此重要之点也。目的者,引导思想者也。彼所需之衣服,彼制衣之志愿,始终引导彼之思想。尚有较小之志愿,附属之目的,间或足以引导,但均须彼此适合而后可也。"

"君曰'须彼此适合',此非组织乎?"

"诚然,此组织之意义也。彼所做诸事,如购买、计划、剪裁、缝纫等,须凑合而成,始可得其所欲之衣也。余谓此为最良组织之机会,彼组织如何尽力,为学习之一部分,而亦重要之一部分也。"

志愿与学习

“君非将最紧要之‘学习’一点遗漏乎？余知此女儿之志愿为一确定之目的。有内的动力，以达其目的。余亦知此数事为努力之有效的组织。但余不知学习如何加入，君肯再详细说明乎？”

“吾人只需应用上次讨论之结果即可矣。学习由效果律而来。凡身心动作之成功（或引起满足）者，其动作再用之机会较多。同时凡动作之失败者，其再用之机会亦鲜。吾人名较多（或较少）之机会曰学习。成功或失败（满足或烦恼）之感想愈深，学习愈确定。（除非有例外之惊怖或麻痹之症，足以阻碍学习历程。）目下此女儿对于制衣有浓厚之兴味，若计划及工作成功，则大为满足。苟失败必觉烦恼。此成功将引起成功之动作，深印之于神经系焉。此烦恼亦将引起烦恼之动作，摈诸于神经系外而不再用焉。又不特其成功之步骤（如习惯技能或记忆），保持而勿失也，即各步骤相关之联络，而全体组织亦深印于脑中焉。意志愈强，成功（或失败）愈确，而学习亦愈深刻而确定也。”

“君未曾述及准备，此亦与本问题有关系乎？”

“诚然。吾人所讨论之准备出自心向，非特使相关之神经组织应用，且应用时视满足与否为转移。吾人于是知满足大约来自二源：（一）所用神经组织之准备。（二）结果之成功，唯如此故有较优的学习也。”

意识与学习

“意识亦能助学习乎？亦为学习历程中之一部分乎？余尝闻或者曰，此亦一紧要分子也。”

“此实学习中之紧要分子，且其功用有三：（一）联络各种反应与适当之刺激，使更为确定，成正当而坚固之联结，以为学习之基。（二）使满足或烦恼更有确定之随属，而有合理的学习。（三）增加注意，以增高其所觉之满足或烦恼，即所以增加学习也。因此数原由，吾人极愿学生动作时能运用思想，而于以上诸步骤知所倾向也。”

“君谓在志愿的活动中，凡足以致成功之诸动作或步骤，皆能学习之而记忆之乎？”

“非也。此女孩制衣时，或曾坠其剪刀而拾之。此偶然事，彼或永不再思及。但彼将思及购买衣料之店铺，及凡较为重要之事，思维之，记忆之。而无关紧要之事，即当时亦不思及，以后更不能记忆矣。”

“君并非谓凡学习必记忆乎？”

记忆非唯一之学习

“诚非也。人之生活非仅思想，犹学习非独记忆。记忆者，旧事之复现于心，为学习中极重要之一部分。然而运用器械之技能，复习一种动作之趋势，非可悉称为记忆，然皆学习也。”

“旧教育非大部分以记忆为唯一之学习乎？”

“余意如此。从前独重书本，现在吾人注意于习惯、态度与欣赏(appreciations)。凡此皆曩昔学校所太疏忽者也。”

“君以为志愿的活动在一坚强心向之下，能助各种学习，如习惯、技能、态度、欣赏以及事物之应切实记忆者乎？”

“余意如此。”

“发现困难则如何？困难有助于活动，抑否乎？”

“倘困难非太重大，则能有助。遇困难而得胜，可有较大之满足也。”

“吾人曾讨论困难之效果足以促进活动。目下吾人何不亦讨论及此乎？”

阻碍如何能促进能力

“君说极是。著名心理学家曰，凡人努力以达目的时，无论何种阻碍，若非太大，足以促进较大之能力。非特当时内在的能力于焉而发，而在此种情境中之得胜更为愉快也。因阻碍而增注意，因成功而满足更大，俱足以增进学习也。君说诚是，适当之阻碍足以增高教育效果也。”

“岂吾人应将阻碍与困难加诸学生之前乎？学生岂能无怨乎？”

“怨恨实为极大之危险，吾人不应将人为之困难加诸学生也。教师应注意于此种心理的事实，而鼓励学生。所做课业，既非太易，致不能磨炼其能力；亦非太难，而致失望。执两用中，庶可得最良之教育效果也。”

“君肯为吾人总结乎？余已得其大要，而余愿今兹所讨论者更有系统之形式。”

“吾人可用分析女孩制衣一事之法，以分析学校课业。吾人可借表格式之说明，以明坚强的心向之动作，俱实现于二种活动也。今想象一性喜算术之男生，遇一艰难之算术问题。教师曰，此实非常困难之问题，虽全级学生皆已有相当之算术知识，而彼仍恐无人能解答之也。然彼极望学生试之。此男生乃提议独自解答此算术问题。初试而无效，则再三致力。其为学习而有坚强之心向，乃显然也。吾人可研究此男生之学习历程（女生之制衣亦然）如下：

（一）有确定之目的　此男生决意独自解答此算术问题。（女孩决意制华美衣服。）

（二）达到目的之内的动力　教师并未云，此算术问题必须解答。但此男生有自发之热忱，自行解答此问题。（此女孩亦犹是也。制衣为自出心裁之工作。彼之做此，有自发之热忱。）

（三）相关之神经组织皆有准备　凡彼之知识、技能与意见皆有准备之情形，而受其使用与支配。（于女孩亦然。）

（四）对于阻碍的活动不准备　此男孩于此时欲注意于

他项功课,实有所不能。彼诚不能一刻忘此算术问题也。(于女孩亦然。)

(五) 内在的困难促进较大之努力　倘所遇之困难可以解免,则非特不足以失望,且足以引起意识的注意,而刺激较大之能力焉。(男生与女生皆然。)

(六) 成功与否视目的如何　倘彼非以自己全力解答此算题,不称之曰成功。(女孩之成功,所制一衣为他人与自己所赞许,而全以己力所制。)

(七) 成功而满足　心向愈坚定,所胜之困难愈大,成功之满足亦愈多。(二人相同。)

(八) 满足使得到成功之反应固定　男生末后知问题如何解答及免除困难之方法。依效果律,其满足将使成功之诸步骤深印脑中。(女孩之满足,则使每项步骤,无论其为知识、技能或全体之组织,皆深印脑中。)”

“君谓‘成功之步骤’深印脑中者,谓男生将记忆此算题之解答乎?”

成功如何实现

“余意如此。更有进焉,解答问题者,谓见到此问题各原质之适当关系也。而成功之满足,则将以此种关系深印于神经系中,即欲不复忆之,亦有所不能。且彼以先难后获之成功,感觉十分愉快,则益追维其成功之步骤不置。因此练习,而其结果更将深印于脑中也。彼每次说明其解答之法,若遇欣赏之听者,此深印之历程又将复演。且现在之成功使彼更趋向于解答将来之难问题。因此,下次彼将更有寻觅及解答问题之精神。研究之心向,此次既引起成功,下次更易将此生之算术知识,预备活动,以解决此类算术问题也。”

“于女儿亦如此乎?”

“诚然。彼之结果亦如此。彼之成功深印脑中。彼亦乐于三思之，或反复讨论之，彼亦将因成功而得鼓励，再试较难之缝纫技艺。下次制优美衣服时，易有此心向。彼之经验，于需要时亦可应用也。”

“今日教育家提倡志愿的学习，即为此乎？”

“诚然。而利用儿童之志愿尚有其他理由。第一，易于成功。内的动力愈强，愈肯努力。第二，有良好之组织。盖在确定之目的中，易成有效之组织，因步骤分明也。努力求达目的之际，必将各个步骤聚集而综合之。第三，有坚定之志愿后，学习较易。非特学习较速，且能久留脑际。此‘效果律’之所规定，因成功而满足随之也。”　志愿之功用

“君未述及烦恼。岂此情境中遂无烦恼乎？”

“然。但此为消极的。努力而无效之各步骤，则致烦恼，因此下次亦不复演。此为效果律之下半段。”

“此类成功之满足影响于所谓‘副学习’(associate)与‘附学习’(concomitant)乎？”　失败与烦恼　如何实现

“诚然。但此点将于‘强制’(coercion)一题中讨论之。”

“今之讨论为益非鲜。余已觉教学之意味较深。从前余仅教育界一职工，而此后吾人皆有成艺术家之望焉。”　艺术的教学

“艺术实基于科学。”

“诚然。”

第六章
强制与学习

"'强制与学习'为一难题。余愿吾人有一明了之例,而分析其全历程,以了解其各步骤。"

"讨论之前,余愿先问强制何解?是否常有他人来相强制,或环境亦足强制,或竟自己强制?愿君说明。"

强制之意义

"说明一字应有之意义,非易事也。各人观察事物不同,有时环境不同,字义亦异。既有疑问,吾人必说明此间所指何意。强制最明白之意义即一人强迫他人做事,非强迫,则不愿为者也。假定一儿拟偕邻儿游水,虽泣求其母,而母仍逆其志愿,强留于家,看视婴孩。儿不愿,则母以责罚相恐吓。邻儿既往,母复厉声使此孩慎视婴儿,此显著之强制一例中,其特征何在乎?此为极端之例证,故其特征亦非常显明。(一)当时心向已将有动作。此心向倘非遇反抗,必成动作,即偕邻儿游水是也。(二)被强制者觉干涉自外而来,而其已将出发之活动忽而被阻。逆其志愿,而导其经验于不如意之途径。(三)被强制者乃不得已而接受此新活动,因惧恐吓之更不易忍受也。"

"此仅分析与描写,而非论理的定义也。此中要点,必实际经验后,乃更觉亲切。然强制活动之重要原质不难明也。"

强制属于态度

"余以为此种经验之性质是否强制,全视被强制者之态度是否有相反之心向而定。"

"君说是也。内的反抗愈确定,强制之事实愈显明。"

"亦有强制之例,初甚显明,继则不然。因被强制之人变其心理,其内在态度由反抗而变为接受乎?"

"君说极然。教育家于此项可能性应视为重要。"

"在此讨论中,吾人注重强制者乎,抑注重被强制者乎?"

"上述一例,指被强制者之态度。吾人所关心者,为彼之能学习与否,是以吾人之分析与描写,注重彼之态度。吾人前已言之,学者之态度影响于学习。因此吾人于现在之讨论注重之也。"

"强制必由于他人或由于环境之一问题,吾人已否充分答复乎?"

"此为事实问题。内在之反抗的态度最易为他人所引起。此由于他人之目的复杂而不显,因此易生误会,而怀怨恨。怨恨与强制相为随属者也。其于不如意之环境,则年轻而有血气者常以怨恨而起反抗。年老而静穆者则以拂逆为不可免而顺受之。于前者为强制,于后者则否。二者之消长,其度至不齐也。"

"人亦能强制自己乎?"

"吾人所讨论者为事实问题。吾人尝见有人压迫自己,而又反抗此项压迫者乎? 如有之,则此类之事为外界环境之强制,非自我之压迫。此问题属于理论而少实用也。"

"吾人可否讨论较有兴味之事? 此种剖析毫芒之议论,吾人已觉厌倦。试问何时讨论强制在学习上之影响乎?"

"废时以讨论非必要之事,实为可憾。请即入题。吾人亦将举一例,一如已往所讨论之步骤乎?"

“务请举例,实例助人不浅也。”

强制之一例

“假定学生叶翰于足球有浓厚之兴味,而怠于功课。及后教师愤然谓之曰:‘今日下午,汝必不可再出练球,务在教室中答出屡次错误之算术问题。解答后始可出外!’叶翰虽应之,而实无时不觉反抗,唯不敢公然违命耳。吾人之问题,为可得何种学习与学习如何进行也。”

“吾人仅指研究算术问题乎,抑考虑所有各种学习乎?吾人应否论及各种同时的学习?(在第一章中曾讨论之。)”

“事实上,吾人必皆讨论之,因彼等同时皆进行也。然欲达吾人最近之目的,请自解答算术问题始。”

“倘叶翰无时不觉反抗,则所学终有限。人尽知之。余虽不学心理学、教育学、教学法等,亦知之。何不择人之所亟欲知者讨论乎?”

“吾人前已研究此点,学习由于兴趣,其大概结果不言而喻。兹所欲研究者,为反抗之态度如何可以阻碍学习。借此吾人可知如何支配学生所反抗之事实也。”

“请即继续讨论。”

“试想叶翰之所以留而不去者,因恐惧也。而彼之学习则敷衍了事而已。亦有何种心向乎?”

反抗之心向

“彼对于所事始终有此反抗之心向。”

“只此而已乎?尚有他种心向乎?须知彼只需使教师信其能答此算题,即可偕诸生同出蹴球。此亦有何意义乎?”

“彼既欲使教师相信,必研究此算题。”

“于是彼亦将有解答此问题之心向乎?”

“或者如此。但彼或虚夸,甚至欺骗与作弊,以使教师相信。无论彼用何种方法,至少有一种暂时的心向耳。”

“何以君谓彼学习或欺骗之心向为暂时的?”

"因彼十分希望练习足球,此为彼之目的。学习与欺骗教师均为达到目的之手段耳。盖足球为一种内的动力,而使教师相信之方法为外的动力也。"

"其反抗之心理有何影响?"

"反抗与足球之心向在同一方面。二者合作,一而二,二而一也。"

"余知此矣,但反抗之精神对于暂时的心向有何影响?因此反抗,彼遂不愿使教师信其已学习乎?"

"余未见其如此。余疑此种反抗使此生不愿学习,而趋于欺骗教师之一途。"

"余以君说为是。教师恃威吓使学生学习,学生则逃避学习以欺教师。此种反抗之精神实阻碍学习而欺骗教师之原因也。"

"假定此生被强迫而学习,亦有解答算术问题之心向乎?"

"今先问倘诸算题中有一长减法,彼始终知此为减法,抑或忘却而作加法乎?"

"余知君意矣。此生解答算题时,彼之心向多少注意于此。照此例证,彼或始终作减法。"

"然强制所引起相反之心向将牵制此心向,岂不然乎?"

相反之心向如何活动

"照例,此相反之心向多少干涉其对于算学之注意,除机械式之注意外,皆受阻碍。唯有时阻碍较少,有时抑或竟对于算术有深切之注意焉。"

"岂非依相反心向之势力及反抗之程度,而定阻碍之大小乎?"

"然。"

"此种议论似甚合理。然余愿闻在强制下之学习心理。"

"今试再研究在一适当心向之下,志愿之学习之八步骤

(在第五章中已讨论)。即依此八段,讨论强制之影响。"

"甚善。在前所举之例中,有一坚强之对于目的之心向利于学习。不知在强制之下如何?"

"此例中吾人亦有一坚强之心向,但与默坐习算之事相反。而亦有暂时的、微弱的心向,以演习算术问题。相反之心向抗拒愈强,演习算术之心向愈弱。"

"于(一)'确定之目的'如何?"

在强制之下有相反之目的

"主要目的为练习足球,附属目的为演习算题。或有一欺骗教师之计,以代此附属目的。"

"于(二)'内的动力'如何?"

"内的动力为练习足球,或有一由此分出与暂时的内的动力,以欺骗教师。但演习算题终为外的动力,压迫一除,即失效矣。"

"于(三)(四)之准备与不准备如何?"

结果为不准备

"每一心向有自成一系之准备或不准备,而彼此互相冲突。相反之心向活动之时,反抗之精神方盛之际,欲有良好之算术思想,此心理上不可能者也。在此种情形之下,不能有圆满自由之思想,结果只有机械的工作耳。"

"对于被阻之活动,反有确切之准备乎?学生在此种情形将实行劳工问题中所谓'怠工'乎?"

"对于被阻之活动,当然有准备,即'怠工'亦非不切之名词。但一较旧而不雅之名词似为更切。"

欺骗之趋势

"君指欺骗乎?则君意是也。许多儿童在不良管理之下,对于被阻之活动,反觉准备。而欲答复其准备,即本性良善之儿童,亦易求一种自然而不正当之满足,以欺其师乎?"

"准备律随处适用之。当一联结准备欲动时,动则满足。"

"此种满足将养成儿童欺骗之习惯乎?"

“然。除非有相对之烦恼也。然吾人必不能谓儿童在他种情形下亦必欺人也。无普通自动的转移(指技能等)一原则(no general automatic transfer),非特他处为然,即此处亦莫不然也。”

“(五)‘困难足以促进较大之努力’如何?”

“以学习算学一例而论,则适得其反耳。既有许多外的动力,则每一新困难即为停止努力之新暗示。凡在强制之下工作者,问题中如发现困难,不足引起较大之努力以解答问题,而适得其反也。”

“关于(六),此学生有何成功?”

成功无定

“此则全恃所定目的如何耳。主要之成功,则与诸生出外练球。附属之成功,在欺骗收效。而演习算题,或亦有鲜微之成功。”

“关于(七),因成功而满足如何?”

“每一成功有其自身之满足。其程度之深浅依所属之心向而定。倘此生欺骗教师而得胜,则满足随之。盖彼运其机智,自出心裁,以求规避之成功也。倘因解答算题而能出外,则主要之满足仍属于能得出外;对于解答算题满足之程度大为减少。盖既因强迫而工作,仍觉怨恨也。”

“关于(八),在强制下学习有何种结果乎?”

强制减少成功之可能

“相反之心向对于演习算题产生不准备。其所需之思想,亦不能引起。换言之,此生既有反抗之精神,则其解答问题成功之机会亦因此减少。此其一。”

满意较少

“即使能解答算题,其所感之满足亦较少。一则所需之努力因反抗强制而缺少准备。二则因规避强制之满足转较浓厚也。此其二。”

学习甚微

“因满足缺少,而学习亦甚微,此效果律也。甚至对于算术一科造成厌恶之观念。诚如此,则仅有效果律之消极方面矣。此其三。”

或生厌恶

“君意此生所得之烦恼足使彼厌恶算术乎?此非算术之咎,实彼从前之懒惰,或对功课缺乏注意也。此种烦恼或能使彼不再懒惰。何以君谓算术将被厌弃乎?”

“全视此生自己之反应如何。倘彼自责从前之懒惰,则下次必减少惰性。倘彼责教师或算术之枯涩无味,则对于二者均生厌恶。无论如何,效果律之适用则一也。”

“君意强制在学校中实无地位乎?”

强制之地位

“余未敢云然。强制有时或亦需用。然强制而引起儿童之怨恨,则不能希望得有用之学习也。且他种不良结果亦应预防。余诚愿儿童学习,必避免强制,或利用强制,使不致引起相反之心向。如叶翰之学习,可资借鉴也。”

“吾人不闻儿童之学钢琴,始则在强制之下,继则心爱之乎?”

“学习钢琴一节实为良好之问题。余尝屡闻人讨论之矣,但从未有满意之结果,因不知如何解答此问题也。余望吾人之讨论较有结果。”

“余顷始来。请君告我以所讨论之大概,俾我亦得参与焉。”

强制的影响之结论

“余当为君作一总结。吾人正讨论强制及其在学习上之影响。吾侪佥谓强制之特质为引起相反之心向。此相反之心向之普通影响为被强制之活动引起不准备,且减少工作成功之满足。依心理上之效果律而论,此不准备与满足之减少能使学习亦减少也。从此推论,吾人欲得最良之学习,慎勿引起相反之心向也。”

“君意强制必不免引起反抗,而此反抗,即君所谓相反之心向乎？强制一名词，无论如何解释，必将阻止学习乎？然则如何能因强制而学习钢琴，且心喜之乎？”

强制并不阻止一切学习

“请稍安勿躁，君言尚待补充。强制之引起反抗毫无疑义。然此种反抗强弱之度则不同。极弱之反抗不足谓相反之心向。且吾人亦未尝言相反之心向足以阻止一切学习。人类之反应至为复杂。某生被留校中演习算题一事，吾人已指明有二种心向：一为反抗教师之态度；二为极薄弱之演习算题之心向是也。当彼既解答问题后，彼亦觉满足。此种满足来自二源：第一在得出外练球。此种满足愈多，所学之算术将愈少。第二在努力于算术后之成功。但彼或因怨恨与反抗太深，甚至不愿尝试算题之演习。诚如此，其结果既未尝努力，则成功或满足均无机会，而亦无所谓学习也。但彼若尝试而略有成功，则亦略有满足，而稍有成功也。”

“因此君亦承认强制亦能引起学习乎？”

“然。吾人始终说明强制亦时常能引起学习。而要点在此，若强制引起一种相反的心向，则势必减少吾人所希望之学习也。”

“然则强制为不良之教学乎？”

强制及附学习

“诚然。而更有甚于此者。吾人第一次所讨论（第一章）各种附属之学习，此次讨论中未尝注意，而实不可不顾及。强制足以产生许多教学上不良之结果。例如多数学生在教学法不良之学校中，养成厌弃学校之心。在实行强迫教育之国家中，一遇法律可以通融，即行相率辍学。是非特有妨个人之前途，且足影响社会焉。”

“此问题似渐扩大，余从未思及如此复杂也。”

“此诚渐形复杂，余恐吾人将俟下次讨论始可结束。”

“余等将从讨论学习钢琴入手可乎？”

“可。”

第七章
强制与学习(续)

“强制能否使学奏钢琴有效,吾人讨论不将始于此乎?”

“然。”

在强制之下学奏钢琴

“余且述余之感想。余再三思维,以为女生能因强迫练习而学得钢琴奏法,此生至少于练习时略须注意。即稍有成功,即起满足。无论如何学习必稍有所得。”

“此说甚是。彼作业时,愈用心则愈易成功,于成功之满足亦愈大,其结果所学得者亦愈有效。”

“余觉稍有疑惑。余以为问题不在女生能否在强迫练习之下学习一曲,而在余上次所问,如其母继续强制,能否使彼性喜奏琴。如曰能也,则与君所分析者相矛盾矣。”

“君意欲问强制能否造成吾人之爱好。如能之,与烦恼之效果如何调和?盖烦恼足以产生厌恶之也。”

“换言之,‘强制是否能造成兴趣?’余愿听君之议论,何以强制之结果必为厌恶而非爱好乎?”

“所观察之事实如何?强制造成爱好乎,抑厌恶乎?”

“余能答之。余虽无统计,然余多年任音乐教师之经验如此:使一女生有音乐天才,初学时又得法而渐进步,则学习甚速。学速而渐进,则人将称扬彼之演奏,而彼亦将愈爱好音乐焉。使彼无天才,不能速学而易失望,于是亦无人称扬,则彼必另觅他事以求满足与称誉。此种女生,其能爱好钢琴者甚鲜也。”

“但君未尝述及强制及其效果。”

“余教学生时,未尝思及之。强制或有损有益。”

强制何时能有效

“予以为吾人已有重要之事实可根据矣。使学生无音乐之天才,自己终必知之。审己之才,察人之议,则将弃奏琴而习他事。如此虽强制亦无益,或反有害焉。使学生有天才而不自知,则若善用强制,足以制胜初练习之困难。迨后有成功而引起满足,则可造成爱好。如此则强制或有益焉。”

“何以曰‘或有益’而不曰‘一定有益’?”

“余信无论何例中,倘学生知强制为强制,则所愿学习者必减少。余亦认学生初步之努力为必要,但不认强制为得此所需努力之唯一方法。须知强制可以减少成功之机会与附带之学习。他种方法或能引起努力而无强制之害也。故强制为教学中一不良之方术。若遇例外情形,强制为唯一可用之工具时,则用之;然同时须知其有不良之效果也。”

“君谓不良效果,仅指学习减少,或不良之附学习乎?”

“二者并焉。倘吾人决用强制时,必先审量其各种可能的结果也。”

“然则君亦认强制有时可造成兴趣矣。”

“予承认之。就事实论,就予所述之学习理论,均有此可能也。”

“君肯复述对于此点之意见乎?”

“可,造成兴趣为教育中极重要之事。造成兴趣之易否,依人之天赋才能而定。”

“恕予一问,君意指特别才能,如音乐乎?”

“否。虽有时显著之天才为主要原质。然予意包括各种满足,如操作(manipulation)、发明(inventiveness)、社会称许(social approval)之类之活动也。"

"然则君将扩充概念,以包括各种意想所及之活动乎?"

"实际上无一种活动不在其中。印度之苦行僧日惨厉其身。其所以自苦如此者,亦以为一种兴趣也。"

"对于造成兴趣,可否再加申说。君意是否第一须有必要之条件。第二须有适当之程序。"

造成兴趣之条件

"培养兴趣,余认为有二种必要的条件:(一)于活动有相当之天才,足以引起满足与成功。(二)有生长的活动(growing activity)。第一条件指关于特别显著之天才(如对于算术或音乐之天才),或仅寻常才力之综合。总须对于活动之成功有继续之满足,方能保持兴趣也。第二条件为生长的活动,虽若非尽人所需,但依大体论,活动中非常有新款之分子,兴趣亦不能持久也。"

"必要之条件既知之矣,其程序如何?"

造成兴趣之程序

"程序中之要点,即效果律之'练习与满足是也'。吾人必有强烈之活动,以得高度之满足。可分列如下:

(一)使活动有热忱,虽有阻碍,能以全力对付之。

(二)使其活动有成功。

(三)使其活动得识者之赞许。

必要之条件既具,再依此程序行之,将见兴趣之增长,百无一失也。"

"君意战胜困难可勇兴趣,岂非与普通意见相反乎?"

制胜困难

"余说与普通意见不同,然有理由焉。如伍德沃思氏所述(见所著 *Dynamic Psychology*, p. 102),假定对于某事项已有初步的心向,则竭其全力,以制胜困难,乃莫大之兴趣也。如困难层见叠出,则非对于目的有适当之信仰,其努力或无由持续焉。他人之赞许,即于此时有效,盖可以巩固吾人对于目的之信仰也。"

"上所讨论如兴趣之表现,而非兴趣之本身。如制胜困难等,其为兴趣,仅属暂时。吾人不欲造成永久的兴趣耶?"

兴趣之意义

"君所分辨极有意味。吾人当然欲造成自具动力之兴趣。盖非有目的而具内的动力,且本身自有价值,不能为真兴趣也。吾人诚尽心尽力以求达一目的,而自觉其成功,同时闻识者之称誉,则非特成功与称誉之有兴趣也;寖假而所养需深,虽无成功,无称誉甚或受讪笑,亦能努力奋进,以成其目的焉。此种兴趣为努力之泉源,亦附带之兴趣所由发生也。"

"此造成兴趣之讨论使余愈明强制之无效矣。但吾人试进而论之。以上强制及兴趣二者于道德教育有重要关系乎?"

德性为道德上之兴趣

"君意何指?"

"在道德范围中,吾人非欲造就道德的兴趣乎?如于儿童兴趣中,造就诚实、公平与同情是也。夫诚实为最良之个人政策,然人若因政策而诚实,尚非真诚实。吾人不应为诚实而爱诚实乎?此非与君所述之兴趣相同乎?"

"然。吾人愿此种德性与社会兴趣铭于人人之心中,使随时感觉其动力。吾人固人人能了解其精神与扩充其爱人之量。然君所言心理的性质,则确切不移。此等兴趣于青年心中应造成之也。"

"其程序亦相同乎?"

"此皆为兴趣,而造成之程序亦相同。但或为概括之观念,则应先有概括之程序,然此为另一问题矣。"

"学奏钢琴一例中,强制之缺点亦将发现于造成道德兴趣乎?"

"然。其影响或更甚。学习奏琴,虽因强制而减少努力,然有音乐之天才,则足以致成功。在此情形之下,不易起相反之心向,而兴趣自成。且特殊之才能与初步之兴趣往往相连。如此,则强制使心无他用,而天才将自发展也。"

"在道德亦相同乎?亦有道德的天才,一如音乐的天才乎?何以同一原则适于此而不适于彼乎?"

"如吾人能坐视多数人缺乏道德,一若任多数人缺乏音乐技能然,则所论不变可也。音乐之事吾人极愿少数有天才者能之。若道德,则为尽人所需。一人无之,影响全体。是以中人之资皆需造就道德兴趣也。"

"君意强制不应用于音乐,而可用于道德训练乎?"

"非也。强制有害于彼,亦有害于此也。吾人已知善用强制能摈除不相干之兴趣,而使音乐之天然兴趣得以发展。其在道德训练,苟善用强制,亦可有益。但吾人须知即无道德天才之人,亦须有道德耳。"

"愿君更举例以明之。"

一道德的情境

"假定在一家庭中,晚间年幼之儿童吵闹异常,以致稍长之儿童不能温课,父母不能阅书。吾人将如何处置之?何以应处置之?"

"此易事耳。余将禁止之,倘彼等不从,则使后等就寝。无论强制或否,余不能使儿童妨害全家之愉快。即依彼等自身而论,过于放纵,则将任性也。"

"多数人将持君之理由,行君之所说。但吾人再考虑之。此情境之看法不同。吾人应知父母、年长儿童喜安静,年幼儿童不应侵犯其安静之权。年幼儿童既不明了,或不尊重他人之权,此为教育之所有事。谓宜施行一教育之'诊断'指定其缺失之所在,用适当教育方法以矫正之。余说是否?"

"君说或是,但未言如何执行。君将责罚儿童否?"

“非俟教育之诊断以后,或见责罚有教育上的价值时,予不愿施责罚也。”

“君以为过失者应受责罚乎?”

“君如此问法,予答曰否。父母责罚儿童唯一理由在能预测其教育上的效果也。”

“然放纵儿童不亦危乎?”

教育的诊断与治疗

“然。此不良教育以致之也。予知放纵之儿童非得其所欲,则吵闹不已。而所以养成此种态度者,无他,因每次吵闹必得所欲,已成习惯也。欲改革此种态度非反而行之不可。彼应由活动之满足与烦恼而知专欲之难成,他人权利之应尊重,并知使人讨厌非达到目的之良法。教此儿童者须有耐性,方可使之学习。舍此亦别无他法也。”

“此种心理之程序如何?”

“程序只有二途:(一)曰儿童行恶则使觉烦恼;(二)曰行善则使觉满足。二者当然亦可联络也。”

“君所述之第一条即应用责罚乎?”

“然。最好使烦恼与恶行相联,否则即成不正当之厌恶,儿童或以母为过事干涉,或以家庭为寂寞寡欢,或以兄姊为烦言谮诉。唯责罚之影响如此不定,故强制非改进道德之良策也。如烦恼不能随属于适当之地位,教育即失败矣。”

“然则程序中之第二条为较良乎?”

“实根本上较良,然非若不假思索禁阻之或责罚之易也。”

“强制除所述之外,尚有相当之地位乎?”

“余以为强制若用之适当,可以免除不良之练习,即所以免除不良之习惯。虽然,倘能造成良好兴趣,而不用强制,则更有益也。”

“然则强制一无所用乎?”

“非也。强制可用为救急之方法，例如可用以阻止危害他人，或个人，或有价值之财产。此实非教育的方法，唯有时或有教育的影响，而利弊互见焉。”

“君以强制为有害，唯有时则为害甚微乎？”

结论

“余以为强制之常有害几一定不易。利害相权，则多少互见。唯常用强制，则为害于教学法无疑。”

第八章

方法之广义问题

“吾人所研究之心理学亦影响于同时的学习乎？（第一次讨论时所及。）余意心向与准备既影响于正系之学习，则于旁系之学习亦必大有裨焉。”

同时的学习之心理

“余深喜君将此层提出。余对于方法之广义问题尝三复思之。”

“余亦常谓方法之广义问题恒发现于吾人对付全级之时。例如余所教者为算术，而与其他学习皆有关系。此种关系实不可免。而余对于一切学习皆应负责任，此种责任亦不可免。余愿知如何方可恪尽责任也。”

教学法广义问题之重要

“例如养成各种态度何等重要！试思儿童于生活中之各种态度于将来一生之关系如何密切！此诚较任何学习为紧要，而为教师者，对于此种态度应负责也。”

“君谓儿童之态度与将来一生有关系，究属何意？”

“余谓人之所作为，或所尝试，全视其已养成之态度若何。余兹所言，或仅为余个人对于态度之意见。余对于事物之态度，即平时余对于此事之想法及行为。余对于朋友之态度，即余平日对于吾友之观念及与友交接之时之行为也。爱国者对于国家之态度与卖国者不同，半由于思想，半

态度如何影响生活

由于行为。对于国家及国家之福利,各有其思想与行为之习惯也。”

“如君所言,态度几为造成品格之质料矣。”

品性系随时造成

“信哉是言。余意吾人教学时,日助儿童造成品性,此种造就实不可免。儿童所成之态度,或良或不良。其对于功课,对于学校,对于教师,对于自身,以及对于事物,随时皆造成一种态度而不可免。其所成之态度何如,则实吾人责任之所在也。”

“此即君等所谓广义的方法乎?上次讨论时,余未克参与。”

方法之广义问题的定义

“然。大概如此。方法之广义问题,即如何制驭自己,如何支配教室与儿童,以及各种事物,使儿童得最良及最多之生长也。”

“其要点是否在各种学习合而为一乎?”

“然。无论吾人愿意或否,知悉或否,各种学习同时进行。而吾人对此学习之全体负责也。”

“此所以君名之曰‘广义问题’乎?”

“然。‘狭义问题’将教学法与其他事物分别而论,‘广义问题’则论其全体也。”

态度与欣赏不能如功课之指定

“吾人讨论中最足使余感动者,即态度不能如功课之指定。吾人不能谓儿童必得此种或他种态度,否则施以惩罚。假定儿童对于优美文学之欣赏不同,而吾人谓成绩不良之学生曰:‘汝等如对于某书不能味其佳妙,对于某诗不能知其优美者,则放学不得回家。’此法不能实行也。”

“余不知于缀法及算术如何。若用此法于文学欣赏,实觉可笑。以其决不能行也。学习中有不能指定或以惩罚而得之者,若各种态度皆是也。”

“倘吾人一生之决定基于个人各种态度，岂非造成态度为教育中最重要之一部分乎？”

“诚然。”

“办理学校，而不能注重教育中最重要之部分，岂非奇诞而且错误乎？”

“君意吾人今日办理学校，常以‘指定功课，施行责罚’(assignment-testing-penelty)为原则乎？”

“此为前此世界各国教育中之普通观念，其在课程研究中，至今仍占重要之地位焉。”

今日学校太不注意于态度

“忽视态度，实根本上之错误。吾人管理儿童之方法，必当变更，学校必当改革。余已见其改革之征兆。他人或未见及之。余于讨论之前，亦未注意及之也。”

“如吾人有良好之名词以为标识，则世人能较易明了其真义乎？”

正学习、副学习与附学习

“然。余于此有所建议。去夏在暑期学校中，余亦闻诸名词，如正学习(primary)、副学习(associate)与附学习(concomitant)是也。所谓正学习，为一种作业之直接的学习。如余制一衣，正学习则包括如何制法，以及量材剪裁诸法是也。”

副学习

“‘副学习’一名词来自‘辅带的暗示’(associate suggestions)，即指与制衣相附属之思想与观念也。此种思想，常轶出制衣之本题。例如，余或思此衣是否可洗涤，其所用为何种颜料，以及颜料如何制法。凡此皆为有价值与正当的问题，但余不必一定解答之方能制此衣也，如余定欲解答之，则不得不暂置制衣于不顾矣。”

附学习

“所谓‘附学习’虽发自制衣，而非如正学习之限于制衣。例如或言：‘谨慎有益。’此虽自制衣中学得之，及其成为一种理想,即不以制衣一事为限矣。泛言之,所谓附学习者,指概括的理想与态度,而正学习者,指特殊的知识与技能也。附学习培养需时,必经逐步经验,方能永久保持。附学习之显著者,为个人各种态度,对于教师或同学之态度,对于课程之态度(如历史或地理),对于自己之态度,如自信、骄矜、谦逊之类。其他附学习中之重要者,如工作之标准,如清洁、正确之类。"

"余知君意矣。但何以引用许多名词?君等学问家倘能多用日常通用之字,必更受欢迎,而得益亦更大。何以君用不通行之'附学习'一名词乎?然余不欲开罪于君也。"

名词之用处

"君实未尝开罪于余。即余去夏了解此诸名词之意义时,亦煞费艰难也。欲求简单之名词者,宁止君一人?余犹忆某教授言对于冗长名词,亦觉抱歉。嘱余等另易较短之名词。然余等无以易之也。余意君之反对名词,实未为是。夫名词常助吾人之思想。自余了解此三名词分析以后,余之观察较为清楚。盖未知各名词以前,余实不知学生之有各种学习也。名词,所以传达观念者也。君述一物,而给以一名,君自己亦有把握,他人亦借以得其意义也。无名词,是无正确的思想矣。"

"君说似有理。余实不能与君争论。愿君再述如何应用正学习、副学习与附学习诸名词。"

所定名词之应用

"根本上,此数名词实助余评判自己之工作。昔日余以为儿童若能不缺课,考试及格,即满意矣。今则不然。余知此仅对于正学习之满意耳。余昔日从未思及副学习,更不知所谓附学习也。余现在非不重视正学习也,特看法不同耳。而余对于副学习与附学习,则更为注重。"

副学习之应用

"往时学生问余关于功课,而不属于功课之问题,余常觉不耐烦。盖余太注重学程，以为此种发问为学生不用心之证也。今也余仍愿学生注意功课，而课外之问题，余不复视为无关紧要，余知副学习之起，为教学之成功。用之适当，即生长也。课外之问题，非每个必加研究，但吾人当予以相当之注意，有时摘为笔记，以备将来之参考与应用。而全级之态度已与昔不同，学生已较有思想。其对于余之态度亦不同矣。余等师生研究功课时，富于同情心，而以共同思想及其适当联络为乐事。余较前尊重儿童之意见、儿童之思想，较前多联络，组织亦较良。因曩昔余抑止而不鼓励彼等思想之自然趋势也。"

附学习之应用

"余对于附学习尤为注意。往时余于儿童之理想与态度未尝不重视，然不加以意识的注意，听其自然而已。学生自有理想者固佳。否则责詈之或批评之。今乃知此种办法害多而益少也。余今知每一态度、每一理想各有其历史，一如知识技能之由渐造成也。"

"君说似相矛盾。君前言态度系无意间偶尔养成者，今则谓直接以期学成。以何说为是？"

态度之成是否直接的

"依儿童而论，态度之成为偶然，不过与彼所有他种目的有关耳。在教师必有意的指导其各种活动，以期正当之理想与态度得以生长。故在余为有意的，在学生大半为间接的。但有时师生亦当公开讨论，盖明了的意识（clear consciousness）常为造成理想之重要分子也。"

"此点余已明了，而更有问者。是否君判断儿童之活动，悉归类于正学习、副学习与附学习乎？"

是否每种活动依此三名词而判断

"然。每一自习课、复习课，每一散课时间，各有或良或否之正学习，或多或少之副学习，或优或劣之附学习。余为教师，多少应负责任。余必知各种活动之进行，对于其结果有适当之鉴定。其结果如何，则余教法之良否，亦于此而判焉。"

"君之论调，非又不同乎？君意似以为吾人之所考验与提倡，几全在正学习上，而忽视其他二端？"

太偏重于正学习

"吾人诚有此趋势。因吾人能测验正学习，而欲测验其他二种，大非易事也。最新科学的测验，几有完全注意于正学习之趋势。盖其所测验者，几大半属于机械的技能与知识也。余深惧其第一影响，即使机械方面之学校工作更深入于今之学校也。"

"君使余深为诧异。君对于科学之进步，常具十分热忱，今于教育中之最新与最科学的步骤，反加非议，诚出人意外也。"

新测验之危险

"新测验诚为最有价值之贡献，然余说亦不谬也。盖测验之结果，大概限于机械方面之学习。教育局长常用施行缀法测验、算术测验、读法测验等，以考核教育之成绩者。迟早教师将知测验之结果，且知教育行政当局因此以定其教学之优劣而为进退。若教师所养成学生之理想与态度，则不能测验焉。此其危险，在使教师不注意于不可测量之成绩(如理想、态度、道德习惯，尚不能完全测验)，而仅注意于教育上最机械的分子也。"

"君意谓此仅属想象，抑确有危险乎？"

此实非想象的，而为实在的危险也。余渴望有一日各种教育的成功皆能测量。余信必有此一日，而为大可纪念之日期。然在此日之前，余劝告各教育局长及指导员谨慎施用此种测验。须知测验尽可施用，而其限制与危险亦不可不知。同时吾人应注意于广义之方法，吾人必使人人知副学习与附学习之价值。每一小时功课，每一学校练习，必依正学习、副学习与附学习三种而鉴定其结果也。

研究方法之需要更大

"君言虽更激切，余亦不反对。即如吾人教算术时，儿童同时组织其道德之性格。余思及教师仅知算术，而昧于学生一生之态度，无形造就之结果，觉不寒而栗。幸二者并非背道而驰，而可同行并进。吾人决不可忽视附于学校活动之他种教育结果也。”

“君意广义方法问题与生活问题相联络乎？”

方法之广义问题为生活问题

“然。余以为方法中之广义问题，几无异于生活中之道德问题。余觉昔日之学校，于完全生活中选择知识技能之工具，支配为读法、算术、地理等名目，而分别教授之。抑若于生活中有需要时，即可再行综合者。及今思之，深不满意。非特此种学科不足为完全生活，而吾人专注于此类分别教学，使生活及品性中重要之事反有疏忽之虞。学得良好生活之唯一方法为练习良好生活。学校中算术、地理、物理等十分不真切之研究，使学生在学校课程中并不能得良好之生活。至生活之练习，反一任其自然。亦何怪美国公民教育之失望乎？民治国(democracy)中需要品性高尚之国民。今之学校，尚未能满足此需要也。”

“君意广义的方法关于养成良好公民乎？”

各种文化自有其特殊之方法

“余意诚如此。亦事实所必然。每种久远之文化，各有其人生之理想与陶冶品性之方法，使其文化之得以绵延悠久也。古斯巴达与雅典之教育，不独课程内容不同，即方法亦不同也。斯巴达硬性之教育，可于其待遇儿童之方法见之。有奴隶之社会，常以种种方法使彼等志气消沉，甘心处于卑下之境。故个人是否有思想之自由，实使各种文化有大区别。凡反对思想自由者，施用一种方法于国民青年时代，即养成服从成训之习惯。普鲁士(Prussia)、旧中国、回教徒、罗马教之一派(Jesuits)，以及较旧之军事教育，皆有努力于此种训练之趋势。彼等施教之不同，几全在正学习，而对于附学习上，亦各造成其所欲之态度也。”

“此足为美国之一教训乎？”

适于美国之方法

“诚然。吾人应重行研究此方法之问题，庶对于青年有适当之方法，以养成民治国公民之资格。其发轫之点，在承认学生同时学习许多事物，由此同时的学习之基础，以努力养成完美之品性也。”

“心理学非助吾人于同时的学习，有更深之研究乎？”

同时的学习之心理

“然。心理学诚能助吾人研究此问题，余愿推而深究之。”

“S→R 之公式，如何可合于同时的学习乎？S→R 甚简单，而同时的学习若甚复杂焉。”

注意之中心与边旁

“此为一好问题。吾人可借用詹姆斯之二名词‘中心’与‘边旁’(focus and margin)。此二名词，詹姆斯盖得诸摩尔根(Lloyd Morgan)者也。在一时间，吾人专注意一事，此事为吾人意识之中心。例如吾人现正讨论此类名词，则此类名词即为吾人注意之中心。同时有校役入室关窗，吾人初未置念，迨感觉其入室关窗，即为边旁的注意矣。在一时间，吾人只能对于一事有中心的注意，而可以对于其他各事有边旁的注意。人之注意，时常移动。在一时为边旁，在他时可为中心，而在一时为中心者，在他时亦可为边旁。倘窗牖胶滞，校役再三用力，始行关上，吾人皆注目焉。则向之边旁，今成中心矣。”

“然则边旁可有数事，而中心仅可有一事乎？”

多数边旁的刺激与反应

“然。吾人有多数边旁的刺激，亦有多数边旁的反应。吾人方对于中心与边旁二名词有所思考，是为中心的反应。而同时吾人坐于椅上，头旋目瞬，口讲手写焉。有离室者，则让其自去，其注意更属机械的焉。在长时间之中心的注意中，必有多数边旁的刺激与边旁的反应也。”

“‘附学习’岂非在此可插入乎？”

“诚然。附学习常为边旁的反应。吾人之思想有满意有不满意，此种品评，以及赞成与否，皆边旁的反应也。”

“余尝闻之，无人能永久有中心的注意，不知然否？”

中心的注意之移动

“然。注意之移动，或由于疲劳。思路清晰，意志坚定之人，注意移动后，仍能回复于原事物。亦有人憧憧往来，注意不能集中者，盖能率[1]不足也。”

“能率充足之人，于长时间内能有主要的中心的注意。间或注意移动，而仍能回复。此主要的中心足以指导进行之步骤。”

心向与主要之中心

“余以为君仅用新名词以说明心向及其功用耳。能率充足之人，能坚持目的，非达到目的或深知此事之不可为，则锲而不舍也。君之主要的中心与心向之目的，非一而二，二而一乎？”

“君言颇是。但与君同时发言者，尚有某君也。”

“余欲问吾人所受各种边旁的刺激与中心之心向，不致有冲突之虞乎？”

“倘心向不坚固，无论何项边旁的刺激，皆足以将中心的事物取而代之也。”

外界之纷扰能变为中心

“有时街衢之声浪足以扰乱全级之注意，非一例乎？街上之声实为边旁的刺激。倘儿童对于功课无兴味，则将转为中心矣。如功课中烦琐之除法，冗长之定例等，皆足移学生之注意于街上之乐队。余任职之学校在热闹街衢中，经过各种结队之游行皆足为学生注意之中心，此非君所谓边旁的刺激转为中心的注意乎？”

“君所引之例确甚。”

---

〔1〕 能率即效率。——编校者

“暗示(suggestions)有二种：一则足以扰乱观念；一则可以造成有用之新观念，岂非难以辨别？二者是否均属边旁？”

“君辨别二种暗示，实属甚当。但欲划分界限，诚非易事。由注意之中心所起之暗示，一则使中心注意渐弛，而以另一事物代之，一则足使原有之中心扩大。此竞胜之事物为副学习(associate suggestion)。其使中心事物扩大者，属于正学习。”

注意太固定或太浮动均不佳

“君前用‘能率’一名词，指人之集中注意一事物者。此亦有限制乎？假如火炉中之煤火溅出，余全神书写，未及注意，而使华美之地毡为之烧破。余是否真有能率乎？”

“君意吾人对于边旁的刺激应有适当的机敏。此说甚是。注意太固定与太浮动，两皆失之。以常识论，折中之道为最佳也。”

“道德问题，此际不可涉及乎？”

“君意何指？”

道德与边旁的暗示

“假定今有人焉，渴欲游历。此意既萌，虽有未竟之工作，弃之不顾，任他人感觉其不便，亦毫不计虑。游历既为中心，对于余事应有之考虑，皆若盲若聋，则将名之曰自私矣。”

“君意吾人做事不但专达目的，应将各种不同的问题均行考虑，否则且有过欤？”

“然。确定目的之前，各种紧要关系均应注意：所拟之事业是否正当？其代价是否合理？即目的既定之后，仍应对于边旁的暗示，有多少之机敏。新事实之发现，或要求原意见之修正也。”

“然则吾人既不宜固执不化，又不宜轻率无常，而应取折中之道乎？”

“此种议论，固若有理。但吾人忘却讨论同时的学习乎？”

“未之忘也。吾人应有‘中心’、‘边旁’之观念，以助吾人明了同时的学习也。例如上述事前考虑等，可增人之坚忍或机敏乎？”

“可。即以坚忍言之，倘彼能较前坚忍，而结果颇佳。心理学如何解释之？”

如何可更为坚忍

“君指‘练习与满足’（practice with satisfaction）乎？倘彼因练习坚忍而得满足，则将愈坚忍而成习惯。此意是否？”

“然。但吾人必不能说彼对于各事均坚忍。彼之坚忍仅限于一事。”

“彼对于一事之坚忍或将过分乎？”

“诚然。彼之坚忍，若无烦恼以阻之，则将愈行增长。而顷君所谓‘自私’之人，即一例也。”

坚忍或致过分

“此非因彼忽于边旁之反应所警戒乎？”

“倘彼仍忽于边旁的反应，而结果仍得满足，则其警戒为无用矣。倘服从其警戒而得满足，则彼对于边旁之事物，将更为机敏矣。”

“然则全视工作结果之满足与否乎？”

如何可更机敏

“然。此效果律之作用也。如欲进步，必知二事：（一）是非必分明而有辨别能力；（二）好是而恶非。诚如是，则对于合理之事必更机敏矣。”

“对于各种合理之事均机敏乎？”

“非也。仅于此一事增进机敏，或稍涉于有关此事者。”

“此非即折中之道乎？既非坚持不辍，又非轻率好动之适中之道乎？”

“诚然。教师应养成儿童正当之机敏。”

“此为方法问题之又一见解乎？”

“君意何在？”

方法与养成机敏

“余意在一情境中，人所能见到者，半由于情境中之事物

(客观的),半由于个人自己(主观的)对于情境中之何事有机敏。吾人已知机敏之如何养成,教学法之新观念,岂非应负养成适当机敏之责乎?”

“此论极有兴味,但余尚未十分明了,请进而论之。”

“当一人有中心的注意时,同时即受各种边旁的刺激。盖在一情境中,吾人倘机警,则许多原质皆足为吾等边旁之刺激也。所谓方法,岂非一种努力以供给较大之机会,并鼓励青年养成‘机敏’与‘态度’者乎?”

“然则边旁的反应较他种为重要乎?”

“余注意于边旁的刺激,半由其重要,半因今人忽视太甚。”

“吾人兹所得之新观念,似为广义方法之中心也。”

“君意吾人教儿童之方法,足以决定彼等边旁的反应乎?”

方法与边旁的反应

“余意实如君言。边旁的各种反应,足以养成刺激与兴趣的中心。”

“余初与君意相合,及至‘刺激与兴趣之中心’则转不解矣。”

“吾人试将‘兴趣之中心’与‘机敏之中心’分开,则知二者仅指一事。‘中心’一名词恐未明了,可先究之。君以为兴趣亦可以养成乎?”

何谓兴趣之中心

“余在幼稚时代,闻人收集邮票,以为愚不可言。其后余亦喜收集,且有浓厚之兴味,常注意并汇集不寻常之邮票,实一无所用也。

君所谓养成兴趣是否刺激与反应之 S→R 联结?”

“依吾人所研究之心理学论,非此莫属也。”

“S→R 联结系单数抑多数乎?”

“余谓无数有组织之感应结,集中于收集非常之邮票。”

“余所谓‘兴趣之中心’即此意也。使感应结 S→R 之组织集中于一事物而成兴趣也。”

“机敏如何加入?”

“即在余收集邮票一例中可以知矣。余对于此物,一若有特别感觉者。他人不能见到之非寻常邮票,余特别机敏焉。”

“吾人再细思之,机敏与兴趣常同时并进。无论何事,君之兴趣所在者,观察必格外机敏。”

“此即心向与准备乎?”

“诚然。兴趣常为心向之先导,有心向即易准备也。”

方法问题

“君意吾人由注意边旁的反应,可以造成兴趣及附属的机警,而方法问题者,即如何刺激并引起适当的边旁反应也。余之解释是否?”

“然。但非特刺激适当的反应,吾人更应给反应以机会,使能择是而弃非,且是则满足,非则烦恼。”

“此点吾人必特别注意,即择是而弃非,且是则满足,非则烦恼。此诚要点。”

“余所以注重此者,因此为各种学习之基础也。”

“然吾等身为教师,而支配学生之满足与烦恼,君不畏其反抗乎?”

“余不愿支配其满足与烦恼。余愿学生之满足与烦恼自内而发。否则刺激不正当之边旁反应,徒自败余之方法。盖情绪之反应,或反抗余及余所注意之事也。”

“君意方法特别注意于边旁的反应,而非中心的乎?”

“二者于方法中并重,但全之所注意之者,已如上述矣。盖以边旁反应之效果重要,向为人所忽视也。”

“边旁反应仅求兴趣与机敏,抑此外尚有他事乎?”

“此类为普通名词。余心目中有各种兴趣(interests)、态度（attitudes）、理想（ideal）、标准（standards）、欣赏（appreciations），凡此种种，皆为感应结 S→R 足以引起重要之心向，及适当之准备也。”

“吾人之讨论中途终止，实属可憾，但一时尚不能结束也。”

“君肯述一言以综结乎？”

“余当为极简之说明如下：吾人之方法，必依边旁之反应，以造成兴趣之中心。”

第九章
方法之广义问题(续)

"吾人可否从上次终止之点继续讨论？余渴愿研究方法与边旁的反应问题。"

"何者君先欲发问？"

边旁刺激之广狭

"刺激之范围非甚广乎？有显著者，有驱迫者，有微妙者，其中分别，层出不穷。"

"君说甚是。其中最显著而为驱迫最力者，即成反应之中心。其余则消散而不复为吾人注意也。"

"可否举一例，余尚未十分明了也。"

"在普通生活中，吾人倘闻雷声隆隆，必注意之，因声浪太高也。或有人以针刺君之臂。此种刺激立成中心，不期然而然也。教室中之刺激亦有巨细深浅之不同。教师吩咐之言最易成中心的注意。所以能如此者，因儿童已养成服从之态度也。同级生之所作为，街衢之声响，天气之冷热，皆足以引起中心的注意，而使教师之所说不复为中心也。"

"由刺激而生中心的注意已明了矣。教师之态度与声调，及同学之动作，为最易引起学生边旁的反应之刺激。此在一种新活动开始时即有之。及后活动之成败，又引起重要之边旁反应也。"

"君意教师之态度与声调,足以使学生赞成或不赞成乎?"

兴趣之中心时常养成

"非特如此,且足引起好恶焉。每一儿童对于教师,对于学校,对于功课,对于做事方法,对于同学,以及自己之自信、骄矜、谦逊,各有其兴趣之中心。而此种兴趣足使其敏于接受印象,并敏于发表反应。反应之结果,则依学习律而定也。"

"引起边旁反应,此非环境中唯一之分子乎?"

爱校心

"非也。尚有极紧要而不甚显明之一点,即学校生活中之计划(合课程与管理而言)是否能满足儿童(或青年)天然之希求也。其希求有高下之不同。倘高尚之志趣有适当之刺激,而给以充分发表之机会,则低下之希求自受抑制矣。儿童如何表现其希求之一问题,实有深切研究之价值者也。学生在一校一级中能否有充分之表现(self-expression),决定其爱校心之如何。而此爱校心,又决定其对于学校之各种活动准备或不准备焉。"

"余未尝依此种名词而研究,然余颇明君意。但在学生之目光中,学校能否给以充分表现之机会,岂非并无一定乎?学生倘无奢望,岂非易于满足乎?"

"然此为极难之问题,目下余恐尚未能讨论及此也。"

自然之刺激

"何者为最不显著或最自然之环境的影响乎?请述其一二。"

"审美的价值(esthetic value)与其所述故事,足以刺激边旁反应。然亦有学生,于二者皆无涉者。教室与校园之洁净,学校之建筑,皆有相当效果。"

一种相反之意见

"君说渐入奥妙。余愿知学校的建筑,与顽劣之儿童有何影响。余以为君对于教学法及边旁刺激愈述愈远,如游骑之无归矣。学校之所以设立,并非欲使学生喜悦。有数种事物彼等必须学习。吾人之职务为监视彼等学习。余所欲知者,为学生之学习与否。余赞成指定功课而施行考试。余无暇涉及君所述乖僻之边旁反应也。余指定功课后,切望学生学习。吾人知何者有益于学生。而学生则不知之。学生喜余或否,喜学校或否,喜书籍或否,非余所问也。学生目下虽有怨言,他日必感谢余也。余但知尽职,不知其他。”

“君意吾人造成学生对于学校之兴味或否无关重要乎?”

“余以为此非余事也。余教授六年级。其学程规定余所应教者为何,学生应学者为何。余只欲视学生切实学习,此外非余之职务矣。”

“然则君之学生,于强迫教育法律容许时,即行辍学,君亦不顾乎? 彼等升学或否,君毫不注意乎?”

“此非余之事也。余在此教授必须之学程。是非成败,自有公论。余但知尽职,无暇顾及结果如何也。”

“君对于教学如此看法,令人歉然。君之责任包含儿童之幸福。儿童造成适当之态度与理想,诚最为重要。其必由学生自己之反应而造成,又至为显明。为教师者,倘可尽力,必努力助之。此种责任最为神圣。如何最足有助于学生,固未易言。但研究如何助法,有益无疑。君以为学校建筑不能影响全体儿童,此说或是,但于少数儿童必有相当影响焉。”

建筑与仪式在教育上之影响

“君不见夫孔子庙乎? 其中石级森严,栋梁嵯峨,素王之像居中,七十二弟子环侍,古乐乍奏,佾舞蹁跹,令游者肃然,如亲炙古圣贤人神游于皇古之世焉。又不见夫佛寺乎? 金刚怒目,菩萨低眉,其地则香烟缭绕,清磬传声,紫竹林长,白莲花发,令顶礼者悠然寂然,生色相皆空之感。又不见夫耶稣堂乎? 神龛庄严,琴歌渊穆,壁画幽妙,牧师则衣冠整齐,声音沉重,令人肃然生畏敬上帝之心,而不敢或懈。观兹三者,建筑与仪式之重要，不可见乎？”[1]

品性上的效果

“君以为建筑与仪式之庄严与优美足以养成品性乎？余未尝知道德的品性可不在道德的行为中养成。吾人昔日之讨论，一则曰‘练习与满足’，再则曰‘不练习不能造就’，君说岂非前后矛盾乎？”

“余未尝言道德的品性可由仪式而养成。余亦以为做事时之品性仅于做事时造就之。余仅述建筑与仪式足以引起边旁的反应。此种反应如何使品性变迁，视吾人所用之功夫如何，及附带之愉快或不愉快也！”

“然则尊敬一家一国中之英雄，亦足以引起人之边旁反应乎？”

史乘[2]的光荣

“此须问何种反应。因国家有英雄而觉满意乎？抑青史昭垂，不使专美于前，引出增光国家之事迹乎？此二种满意，大有别焉。”

“余意亦谓此二种反应迥异，而二种皆有引起之可能。二者既皆为可能，即皆有机会。而父母师长有指导与鼓励之责任焉。无论如何，吾人又得一方法的影响，而更应研究方法之问题。”

“余既闻所未闻矣。无论何事，既有经验，皆可有方法上之影响。余幼年时闻诸兄曾解决一极难之算术题，及予习此种算题时，亦分外努力，以示不落诸兄之后。”

“然。所以史乘的光荣足以鼓励爱国青年与前比美。历代以来，世界各国莫不如是也。”

国家之大小

“然亦有至可笑之事。许多欧洲人以为美国土地之广，物产之饶，成功之伟大，只需见一美国人，即一望而知也。”

---

〔1〕原文只述耶稣教堂，恐阅者未易有真切之印象，译者擅加入孔庙及寺院二例。——译者

〔2〕指史书。——编校者

“予并未如此说法。然予意此自大之观念,确有影响也。余尝闻人言,在得克萨斯州(Texas)之人民胸怀坦广,由于该省之幅员辽阔也。”

耻辱之影响

“荣则如此,辱又如何,非亦有相当之影响乎?余尝见儿童感受家庭不名誉事之苦痛,或则羞涩退避,或则赧颜掩饰。在此种情形之下,家庭而有罪恶,子弟能免受痛苦乎?”

民治主义的方法

“君诚使余对于方法之观念渐见阔大。予尚未十分明了上次讨论之民治主义。犹忆君谓普鲁士有彼之方法,而吾国应用吾国之方法,吾人可进而讨论之乎?”

“甚善。予忆亚历山大博士(Thomas Alexander)言,彼尝在德国参观三百余国民小学(Volksschule),未尝闻一儿童发问一次,亦可见其方法之一斑矣。”

“然。德人欲养成儿童服从威权之习惯,而不愿其有自由发问之习惯。使有发问之习惯,则彼等对于专制与武力政治之压迫,亦将疑问矣。非特德国然也。余尝闻吾国某大学生言,某年夏,该生掌煤矿职工长之职,矿务总理谓之曰:‘切勿对工人说明彼等之工作,否则工人将养成发问之习惯也。’(此为该学生亲历之经验。)”

“吾人今日之学校,君意将如何改进乎?”

需要之特性

“以民治主义论,吾国之教育方法远胜于欧洲学校无疑。然吾人可更求改进。予将提出二问题以表明余之思想:(一)何者为民治国良好公民之特性?(二)健全而愉快之儿童生活应如何生长与练习,方可达到良好民主公民之资格?君将如何答复第一问题乎?”

“即以普鲁士与煤矿二例为参考,余愿吾国公民能思想独立,并不屈服于政治的、工业的或宗教的威权之下。此其一。”

“君意彼等须考虑各种社会事实?然则公民须明了并熟

悉此类事实乎?”

“然。公民并须能负责任,且以社会福利为前提,而以个人利益附属之,并应服从法律与秩序。”

“吾人综结以上所述,愿公民能正直坦白,而判断精确明了,又熟悉社会事实,且能服从法律,担负责任,谋社会之幸福。然则吾人愿学校如何?”

“吾人如信‘练习与满足’之学习律,则吾人愿学生练习以上诸项而得满足。在适当范围以内,练习愈多愈佳。而练习之开始,愈早愈妙。”

“君独不虑此种独立之过分乎?儿童甚易失之放纵、任性、卤莽且利己也。”

“确有危险,吾人必须谨慎。故余谓在‘适当范围以内’也,虽有限制,不能因之遂不进行。唯实验后始知可进行至何种程度。至于进行之程度,当然较普通猜想者为深也。”

“此等议论虽佳,似离题已远。吾人所讨论者,为边旁反应及方法之关系。今所讨论者,仅课程之内容耳。”

“此或为课程内容。因吾人所研究者为吾人之需要。然如何可使需要满足,既须方法,且须注重边旁反应矣。君不见吾人讨论中如何注重‘性向’(disposition)乎?此实为旧教法所忽视者。”

“君意谓昔日吾人仅注意课本上之知识乎?”

昔日对于态度太疏忽

“余意如此。试再细究之。吾人学生时代之旧教学法(今日仍有用之者):(一)立定应教儿童之学程;(二)指定功课使彼等学习;(三)考试以视彼等曾否学习。凡学生之所应学,教师之所应教,仅属于可指定与可考试者而已。”

“君意凡正直坦白,判断精确,谋社会幸福等,皆属于性向而无一可指定或考试乎?”

“然。余意如此。更有进者,凡实际教育家,如教育局长、指导员、校长、教师等,常注意于指定与考试之课程,最佳者亦仅注意是否能应用所指定与考试之功课耳。凡兴趣、理想、态度、好尚非忽视,即置之不顾焉。”

“学生之所以能升级,常因可以指定及考试之事物之成功而定,此非事同一例乎?”

“余意亦然。”

“但余仍不知所谓边旁反应。愿君勿以余为愚鲁或固执,余以为君讨论方法之关于边旁反应者,今何以舍此而述指定功课与考试?”

“余未尝以为吾人离题太远。吾人述民治国公民应具之特点。此种特点实包括兴趣、态度、习惯等,而其重要不亚于知识与技能,以及敏于应用知识技能之能力。旧教学法仅知指定功课与考试,实遗弃各种欣赏、性向、兴趣、态度、理想等也。”

边旁反应不可指定

“君意各种边旁反应不可指定,而彼等实能养成性向、兴趣、理想及欣赏乎?”

“然。余意如此。更有进焉,余意今日方法应一反故辙,而注意边旁反应及何者可由边旁反应所造成。”

“此意何解?”

活动之必需

“即重视儿童全力所注之活动与经验,因在活动中吾人能得所需之知识与技能。且只此一途能得边旁反应,即所以养成吾人愿得之态度也。”

“君意良好之教学法,即支配学校中设备与儿童,使儿童有全心全力之志愿的活动(wholehearted, purposeful activity)乎?”

“然。在全心全力之志愿的活动中,非特最足以得吾人所需之正学习,且可得最有用之副学习,与最有价值之附学习。”

“君并非谓学生不论年龄可有同一之志愿乎?”

“非也。然每一年龄之学生可全心全力专注于一时期之活动,每一时期得其充分之发展也。”

“君并非主张放任儿童乎?”

“非也。余所述之教学法,必须有良好之教师,较诸旧教学法中之教师尤难其选。不过二者所施之方法不同耳。余以为新教学法中之教师助学生自助。人之所以能学习公正坦白,必有练习公正坦白之机会。且社会环境中,必有公正坦白之需要。学习判断精确,担负责任,谋社会幸福,又何独不然。”

养成社会福利之兴趣

“君意以为吾人希望儿童负责谋全国社会幸福乎?此非太过乎?”

“并非尽如君之所述。凡社会幸福之观念,须由渐养成。君尝见两小孩乘一橇于雪上乎?一则猛推,一则把舵,彼等非亦有共同福利(common good)乎?”

“然。唯彼等并不如此名之耳。”

“余愿儿童生活中,对于共同福利之经验有丰富之机会。余更愿此种经验对于共同福利含有相互责任,而其中有内在的困难。倘一儿童不肯负责,或不能尽职,余愿群将追究其错误之所在,而引导其改善。其余诸生,若示不满意于此种行为,足以促此生觉悟其错误。然而逾分之不满意,足以使之恼羞成怒,反不悟己过,则亦非所以达吾人教学之目的也。”

“此非‘练习与满足’或‘错误与烦恼’乎?”

“然。”

“但此与国家之幸福,与人道主义,相距仍甚远也。”

“诚然。但吾人必始于近者小者,而由渐扩张,以及夫远者大者。青年红十字会事业即其例也。及后意识的概括足助进行。盖事之由小而大,须行为的反应与意识的概括相递并进也。教育历程至为迂缓,则非忍耐不可矣。"

"教学法如何插入乎？余尚未明了也。"

教学法如何应用

"教学法可助共同福利之事。如二孩合乘橇车,或助不负责之儿童觉悟其错误,实足以增进灵敏机警也。"

"此例为野外运动。吾人亦能实行于教室中乎?"

"可。良好之教学法,可助有效之室内活动,既有益于个人,且有利于团体。"

"边旁反应如何加入乎?"

"于活动进行中,无论何时,皆有边旁的反应。而吾人尤愿有健全之反应。各种边旁反应,最易实现于青年全神贯注之活动中。"

"此说合于吾人前所讨论之志愿的学习,与强制适相反。但吾人之讨论限于正学习,君能论及副学习与附学习乎?"

利于生长之情形

"在儿童活动之中,吾人计划合于心理的二条件:(一)鼓励其健全之兴趣,使引起坚强之心向;(二)进而超出于儿童已知已能之活动之上。坚强之心向,足以引起冒险前进心,且有内在的动力,并有达到目的之准备。倘所做之事,其成功超出于儿童目下知识能力之上,是为生长(growth),盖必定学得新事物也。"

"此非合于吾人前所讨论之心向与学习乎?"

"然。唯吾人今更论及所做之事,必超出乎现在成就之上耳。"

"但余仍未知边旁的反应或副学习与附学习。君何必迂回曲折,而不直言相告乎?"

附学习

"实因包含太广,不易尽述。吾人只得由渐而进。兹先述边旁反应,君犹忆吾人所讨论之心向与准备乎?"

"然。如某女孩渴愿制衣,则准备于思维衣服,观察衣服,讨论衣服。心向所在,莫不尽力为之。"

"岂非无一不准备乎?"

"诚然。"

"于边旁反应有何关系乎?"

"余知之矣。准备者易受刺激,易于反应,即准备之联结(ready bonds)易于激动也?"

"于副学习有何关系乎?"

副学习

"余亦知之。准备者边旁反应较多,且易于发生之谓。有数种反应,直接改进制衣之法,此为初级的反应,即正学习。他种反应,或使注意属于他事而不属于制衣,此为'辅带的暗示',即副学习。经边旁刺激之后,准备足以引出无数副学习,余亦明了矣。然与附学习有关系乎?"

"附学习究属何意?余尚未十分明了。"

附学习

"此为附于正学习之反应。君可名之曰感情之共鸣。又为对于所做一事之判断,如以下之诸论调:'此诚优美','彼为蠢物','噫!余知之矣','余深恶之','学校可恨','教员不公平'。"

"余仍不知所谓边旁者何义?"

"君仍不知乎?夫女孩之制衣也,男孩之造鸽屋也,某级生之筹划旅行也,彼等初级的注意,集中于衣服、鸽屋、旅行,而他种事物无时不加入也(边旁的)?尤其于儿童富于感情之时,如好恶鉴别之候,他事物更易加入,由此而儿童养成性向或态度,如一己对于教师,对于学校,对于所习课程之好恶,对于升学问题,对于国家,对于应当诚实等等之观念与态度是也。简言之,吾人做一事,可以养成三事:(一)运动反应之技能;(二)记忆联络;(三)一种态度或倾向。态度为全活动之一部,亦可以生长之一部。充分生长后足以决定一人做事之方针。此为中心事物之附属的或边旁的反应。此种附学习常于一事物之四周造成者也。”

“心向与准备有何关系乎?”

倾向与准备如何插入

“几无往不相关。心向与准备足以决定边旁反应。相反的心向即不喜反应,适宜的倾向即喜反应。至于成败之加入,吾人前已讨论之矣。”

“君将如何结束倾向与附学习乎?”

“在儿童志愿活动胜利时,对于成功之各节,必养成适当的态度(附学习)。”

“即以此法可造成文学的兴味乎?”

“以普通论,此法可造成各种事物之兴趣。”

“君将如何结束今日之讨论乎?”

结论

“方法之广义问题,为关于儿童作业时之一切反应。其意盖欲助儿童造成各种反应,以获最完美之结果。方法之狭义问题,仅注意于学习一事物(大概预先指定)如何方为有效。广义的方法则及于所有各种反应。旧教育限于狭义问题,新教育则注重广义问题,而兼有狭义之长。广义问题特别注重养成态度与好尚。如此方足以培养儿童之感情,而感情为优美生活之基础。”

第十章
兴趣

兴趣与新教育

“何以吾人于兴趣未尝深究乎？余意谓兴趣为新教育之要素。”

“吾人非常论及兴趣乎？”

“吾人鲜提兴趣二字，如何可谓常论及？”

“何谓兴趣？”

“余将告君何谓兴趣，而君将知余为不信兴趣之一人。兴趣为放纵儿童最良之方术。常觅简易有趣之事，使儿童为之，以求娱乐，常问彼等喜作此事抑彼事，此为兴趣之意义。余重言以申明之曰：‘此放纵儿童之最良之方术也。’余对于诸君所讨论者未尝完全赞同，尚幸无人主张软弱的‘兴趣主义’。余意谓此为教育原理中之最劣者。”

“兴趣之理，果如君言，诚属不良，余亦不能责君之反对。然此诚兴趣之原理乎？”

“余以为无论儿童或何人，倘有兴趣，则学习较为有效，余闻精神疲劳，大致由于烦闷而缺乏兴趣。此非由科学方法所证明乎？既如此，兴趣主义如何可如某君所称之恶劣乎？”

“君亦信吾人能放纵儿童乎？君尝见任性之儿童乎？除使儿童娱乐，且鼓励之使做彼感兴味之事外，君能思出放纵儿童之较良方术乎？余深信此种方法于意志坚强、道德高尚之人格有危险，是以竭力反对‘兴趣主义’。”

“以上所讨论者，似非吾所谓兴趣。吾人可否再细究之？”

“吾人不如昔日常闻兴趣一名词者，是否因误解兴趣所致。余闻某教授曰，彼倘非有充分时间解释兴趣之意义，不常用此名词，盖人常误会也。”

对于兴趣之二种观念

“为便利共同讨论起见，吾人可否假定兴趣有二种用法：一为良好之用法，一为恶劣之用法。以后此二种意义或可渐为接近。试以心理学解释之。请先举一例。何者为良好的兴趣之例证，及其在心理上之意义？”

“华盛顿对于建设新政府有浓厚之兴趣，此为一例乎？”

“此为良好之例，请再举一例。”

“美玉制一洋娃之衣服，有浓厚之兴趣。”

“请再述一例。”

“兴趣繁多之人较兴趣稀少之人易为友伴。”

“此第三例最为显明。君不见‘兴趣繁多’之‘兴趣’为名词，而以前二例中之‘有兴趣’为动词。更进而言之，第一、第二例中之兴趣，现正活动。而第三例中之兴趣，现在并不活动。譬如网球之戏，为余众多兴趣中之一，但现在余并不练习网球。余对网球之兴趣，目下并不活动。此与心理学有何关系？”

“此非感应结(S→R bonds)乎？吾人有无数感应结随时可用，但只有被刺激时始活动也。”

依心理论，兴趣为心向

“此说颇是。余方思及心向。心向实为感应结 S→R 之基础。人之以网球为众多兴趣之一者，即已养成一种关于网球及习击网球之感应结 S→R。此种感应结受适当之刺激后，立刻有网球之心向。心向既起，对于网球即感浓厚之兴趣。”

“倘余能明了君意，依心理论，兴趣心向一而二，二而一也。蓄而未发之兴趣，为无数适当之感应结 S→R。受刺激之后，即为对于某一事之心向，而兴趣亦因而活动矣。”

“君言诚是。余意谓兴趣为心向与准备之又一说法耳。”

“君意教育上之兴趣主义，即心向与学习之原理乎？”

“实际上如此。”

“准备如何加入乎？”

“假定一人目下有极活动之兴趣，如女孩之制洋娃衣服然，有何准备乎？”

“诚如吾人上次讨论心向与准备时，所谓此女孩觉无一不准备，但此点仅足以证兴趣与心向相同耳。”

兴趣如何适宜于学习

“是否兴趣因此适宜于学习之情境乎？”

“诚然。吾人如愿意，此际可复述前所讨论者，如心向与学习，以及兴趣之应用于正学习、副学习、附学习也。”

“是否无所谓放纵，而吾人亦不必有所过虑乎？”

“毫无过虑。吾人可承认放纵之说不能成立也。”

“余实未能明了。一说曰兴趣之意义为心向与准备，此良好之说也。一说曰兴趣之意义为放任，此不良之说也。究孰是孰非乎？”

“请稍安毋躁。心向尽善乎，抑亦有不良者乎？”

“亦有不良者。”

“然则兴趣皆良好乎，抑亦有不良者乎？”

“当然亦有不良者。但此非吾人注意之点。吾人所研究者为兴趣主义，究何谓兴趣主义乎？余意兴趣主义者，为兴趣如何应用之一种主张耳。”

“余以为兴趣主义有二种不同之主张：一则有充分之理由，一则并无成立之基础也。”

"君将如何说明此二种主张乎?"

"其不能成立之说曰:兴趣有利于学习。吾人必使儿童有兴趣,娱悦之,诱谀之。凡可以使彼等对于事物感有兴趣者,无不为。其终则放纵儿童,养成不良之习惯。"

非正当之兴趣

"君既言兴趣为必需,则何妨不论方法之如何,而但求有兴趣乎?"

"答复此问之前,吾人可先研究兴趣之又一说。其说谓兴趣之意,在吾人做一事时全神贯注,专心致志,勇往直前,不遑他顾。女孩欲制洋娃之衣一例也;诗家欲表抒其对于人生之观感,以清新之词达深挚之意,又一例也。二者对于己之活动各有兴趣。此种兴趣足以鼓励全心的活动。其兴趣所在之事物,有沉浸浓郁之观。而兴趣之要点为自我(self)之活动,及全心全力之工作。此种兴趣为注意与努力之保证。此种能注意与有兴趣之努力,最能善用学习律中之倾向律、准备律与效果律。由此言之,兴趣主义即吾人前所讨论之心向与学习之原理也。"

兴趣为全心的活动

"君意兴趣无程度之深浅乎?"

"自强制之事以至尽心竭力,全神贯注之事,其中程度之相差不知几何也。"

"余不能明了君所持之兴趣主义,君所述者究属何种乎?"

"余所述之兴趣主义为心理的主义,谓有全心全力之兴趣,而无痛苦的顾虑,则学习之条件始满足也。"

"何以谓'无痛苦的顾虑'?"

"因吾人方讨论学习的条件,而余知忧虑或恐惧足以阻碍学习。是以愿儿童有全心全力之兴趣,而无痛苦的顾虑也。"

"君言君所述者为心理的兴趣,然君以为尚有他种兴趣的主义乎?"

何时兴趣为良好

“兴趣尚有伦理与社会的方面。倘一种兴趣于社会上不良者，而儿童全心全力为之，依心理方面而论，一如良好之兴趣也。是以吾人须判断兴趣良否之标准。”

“君能语吾人以一标准乎？”

“余意谓最良之标准，即依兴趣之有无生长(growth)而判断之。”

“放纵即可于此讨论乎？”

“无论成人或儿童做事，若仅有兴奋与娱乐之兴趣，不顾生长之效果，吾人谓之曰放纵，而吾人以此种兴趣或活动为无价值或不良的。”

“君非批评兴趣主义之前一说乎？”

“然。此种主张只求有兴趣，而不顾何种之兴趣，只求娱乐儿童，而不知兴趣之本身为活动的。此种教育方法之不良，尽人知之。盖非特无生长，且将阻止生长也。”

“在上次讨论中，吾人愿有活动以引起儿童之注意，并能启发其较高之知识技能，以达成功之目的。此岂非与今兹所谓评判兴趣之标准相同？”

放纵之为害

“此诚相同。二说均注重生长，注重个人与社会生活之进步也。吾人反对娱乐及放纵，以其养成疏懒与冷漠之习惯，而阻碍健全的生长也。吾人试观彼沉溺于剧场与牌戏之嗜好者，耽游疲惫，于生活亦不复有热忱也。”

“君批评不正确的兴趣主义，余已明了。但实无人视之为主义也。”

“或无人视之为主义，然余恐世不乏误会或轻视正当的兴趣之观念者焉。”

“君尝提及‘努力’二字，余尚未十分明了。吾人能否进而论之。”

"君意何属?"

"余闻或者曰,兴趣与努力二者之中,努力为尤要。又一说曰:兴趣与努力相辅而行。余以第二说为是,但余愿更详论之。"

兴趣与努力

"吾人前所述之诗家亦努力乎?"

"诗家当然努力。盖欲适当发表吾人之思想情感,良非易事。推敲一字,辄费经旬。其努力有出人意想之外者。"

"余不以君说为是。彼若真为诗家,虽推敲费时,而实心喜之,不应名之为努力。在彼实为兴趣,为沉浸浓郁之兴趣,若名之为努力,未免轻视诗家及其兴趣矣。"

"君二人对于努力非有二种不同之意义乎?一说以努力为使兴趣实现之步骤,或虽遇困难而奋力进行之一种步骤。此说以努力与兴趣为并行的。兴趣愈浓愈能努力。又一说以努力为不愿为而勉强为之之意。此说以为兴趣与努力相反。易言之,愈努力则兴趣愈薄弱。"

努力之二种意义

"究以何说为是?"

"倘吾人应用时,能使人明了各人之意义,或二说皆是。"

"二种努力有同等之价值乎?"

"非也。吾人愿有何一种乎?"

"吾人愿有第一种努力,即由兴趣而生之努力。世间此种努力愈多,成功愈大。"

"非特此也,且使生活中愈多愉快焉。辛勤努力而使工作成功,实最为满足,此诚快乐(happiness)之途径也。"

"君以为快乐在自己之工作乎?余则以为不然。余一生辛劳,故视安居舒泰为快乐。电铃一按,仆从即来。著名剧院,常包特座。凡名书古画,优美器皿,家无不备。并延艺术家、工程师以布置园庭。此为余对于快乐之理想。世不乏与

努力与快乐

余同意者。倘此非快乐,何以世人莫不喜求此种生活乎?”

“世果不乏以此为快乐之人,但余仍坚持余说。快乐在自己活动之成功。快乐之要素为活动,为生长之活动。外此皆不足恃也。”

“此理论颇佳。余亦不能反对。但君未充分说明。且所说亦属片面的,实际问题仍未解决。倘全神贯注之兴趣,果能得生活中必需的努力,教育问题亦简且易矣。惜君说不能实行耳。盖生活不能以兴趣之学说为基础。世事不能尽如人意,而有不能使人感兴趣者。君将如何处置乎?君若忽于生活中之努力,君直不能预备儿童生存于世耳。此说君将如何答复?”

兴趣与不如意事

“此诚重要问题,吾人必以公正态度对付之。世人何以做不如意事?倘吾人能答复之,吾人可知如何教育儿童。君亦做不如意事乎?能举一例乎?”

“余当然亦做不如意事。余友与余同居,而有一小厨房,自备三餐。余喜做简单家事,而深恶洗涤杯碟。此实一种苦工,不得已而为之。余之生活不以兴趣为基础,余信儿童生活亦然。余做不如意事,因必需为之,余信儿童于幼年时能做不如意事,则长成后亦能为之也。”

“君谓洗涤杯碟为不如意事,然则何以为之乎?”

“君意余置污秽杯碟于不顾乎!此问实属无理。余若任杯碟狼藉而不洗,即人虽无言,余亦无以对己。余不能在不洁之杯碟中饮食。余欲清洁,是以洗涤之。”

“君已给吾人以线索矣。君欲清洁之杯碟,不惜牺牲时间而洗涤之。此非兴趣主义乎?此非君之兴趣在清洁之杯碟,而使君做不如意之洗涤乎?若无此兴趣之驱迫,君亦不做不愿意之事矣。此例甚为显明。无论何人(绝欲避世者或为例外)为不愿为之事者,因有兴趣超乎其上而驱迫之也。彼因十分关心于兴趣,即有不愿意事,亦愿为之。君语虽壮,君实则仍以兴趣为生活之基础也。"

"此与教育儿童何关乎?"

"关系甚大。吾人愿儿童有遇困难而仍有坚忍之兴趣,而非仅有安逸娱乐之兴趣。故儿童于学习他事之外,须练习与困难奋斗。此种困难,当然须在儿童能力足以适应之范围以内。诚能制胜困难,即有教育效果。然欲儿童之能坚忍到底,则其各步骤中必有成功,方足以助其进行也。"

兴趣与训练

"君意儿童在有兴趣之活动中,得充分与正当之训练(discipline)乎? 君亦思及世间无数乏味之工作乎?"

"君若明了有兴趣之活动中应含有困难,则余之答复曰然。君当不诬桑代克教授以为彼赞成软弱教育(soft pedagogy)也。桑氏之言曰:

> 在努力于有兴趣之目的,而合于个人能力之活动中,所得之训练远胜于忍耐不如意事中所得之训练。
>
> (*Teachers College Record*, 25:145, March, 1924)"

使事物有兴趣

"君之论证甚善。但余更有一问: 如何能使事物有兴趣乎? 如学校课程之乘法表及拼法,自身实无兴趣,吾人将若之何?"

"此问甚佳,答复非易。兹事复杂。第一,吾人倘承认心理中之心向与准备,吾人实不能使事物有兴趣。已起之心向程度如何,即兴趣之深浅如何。所谓事之有兴趣者,即心向之目的或达此目的之必需方法。欲此种兴趣之实现,必先有各种可以刺激之感应结。吾人力之所能及,仅刺激其固有之感应结耳。”

“如此说法亦未始不可。譬如二人演讲,一则能使讲材极有兴趣,一则虽尽其能力,而听者不感兴趣。其间分别,尔我均知。听众同,讲题同,所异者讲法耳。一则能使题旨有兴趣,一则不能。何以君言吾人不能使事物有兴趣乎?此其可能,人人知之。余非徒托空言,确有事实可为根据。君当能谅解也。”

“君所述诚事实,然余仍执己意。使事物有兴趣之唯一方法,即引起心中或神经系中已有之兴趣。试一究心理学。在刺激发生效力以前,神经系中必有无数适当之感应结,其结果之动作即为反应。兴趣为 S→R 之组织,在引起活动之前,必先存在于神经系中。即以君所述之二演说家论。听众相同,而一则能使人感兴趣,一则不能者。其异点在良好之演说家能说明题旨,凡听者感应结之可以激动者无时不激动。不良之演说家则不知如何宣明题旨,且不知如何组织材料,以引起听者思想、情绪及动作的趋势之反应也。所谓宣明题旨,实即供给刺激。此即吾人所谓使事物有兴趣也。”

“此与课程之组织有何关系乎?”

兴趣与课程

“有极大之关系。编制课程有要点二:(一)了解儿童固有之原始的或获得的兴趣;(二)了解如何能刺激之,引导之,指示之,使能生长。编制课程之重要职务,在能知儿童本性中固有之感应结,而设法以刺激之。而大多数人则先择何者为儿童应学之事物,然后寻绎其最良之教学方法。如此预定之教材,既不合儿童现在活动之能力,无怪其常陷于困难之境也。旧时之教育家以为人性本恶,故不能以教材合儿童之本性。于是分析预定之教材指定而学习之,大体以惩罚威迫儿童之记忆。此时之学校生活沉闷,夏楚频加。吾人考察旧时之教材，亦无怪儿童之常受鞭笞也。及后方法渐趋温和，常用竞争与奖品以为激诱。而教材亦稍有改良。又久之而有兴趣主义。然此种主义仍在使事物有兴趣，盖仍用旧教材而引兴趣为方术也。兴趣在学习上既有成效，而兴趣主义大行，向之仅恃惩罚为威迫者，今则以甘言为激诱。其于教材，若药丸之覆以糖衣然。自是教育论者分为二派：一则赞成糖衣式(sugar-coating)之软化教育，彼等名之曰'兴趣'；一则主张强制的严厉教育，彼等名之曰'努力'。"

"此非杜威所谓兴趣与努力之争讼乎？"

"然杜威以为二说皆非。而自述其主张曰，兴趣与努力皆应付困难之健全活动中所同具。自对于目的之情绪的热忱言之，谓之兴趣。自困难当前，自我之坚忍前进言之，谓之努力。兴趣与努力为同一进行的活动(on-going activity)之二方面耳。"

"此甚有理。但余仍不明了如何不致放任儿童，盍进而论之？"

"大部分已答复如上。吾人在努力于有兴趣之目的而合于个人能力之活动中，可得最良之训练。教育之事在使儿童进行以下之活动：(一) 具有兴趣之目的者；(二) 适合儿童之能力者；(三) 发轫于儿童现在之兴趣，而能超越其已往之成绩者。三者而兼备，则兴趣与努力自能发展，而生长随之矣。"

"然余仍不明了，如何能避免放纵儿童。如何能使活动具有兴趣之目的。倘君常使儿童有兴趣——能娱乐——而选择之活动，常顺从其意旨，则儿童将放纵无疑。"

儿童本性为活动的

"倘余之所欲进行者，尽如君言，余亦将与君同意。但君根本上误解余意，且不明儿童之本性也。儿童在觉醒之时，终日活动。自定目的,而奋勇以达之,欲使儿童一无所事,实不可能也。欲禁遏儿童活动,使不做一事,必归失败。且禁遏愈甚,儿童愈觉烦躁不安。故教育所对付之儿童,为时常活动的,并非静止而等待娱乐的。唯有已放纵之儿童,及向受禁遏不得活动之儿童,始需娱乐。寻常儿童皆渴欲机会,以接受刺激而为反应。吾人之职务,在供给此种机会,使其活动,得以发展也。君误以为儿童本性不喜活动,不愿做事,而其本性又不良,故非激诱之,即强制之。此实根本上之错误也。"

"即使承认儿童之本性为活动,君仍未论及如何不致放纵儿童也。若任儿童随心所欲,势必放纵。倘反对顺从儿童之意旨,则又不能得有兴趣之目的,或适当之心向。如君之说,不能遂君之所愿。若非放纵儿童,即君所谓儿童不能学习。二者之结果虽殊,其归失败则一也。"

放纵的自私如何养成

"君又误矣。余所求者,非儿童'为所愿为',实儿童'愿所当为'。二者之别或不显,然余苟能支配灵敏,必不致放纵儿童也。吾人试再研究放纵之问题究属何意。吾人以前已讨论放纵为自私的习惯之养成。儿童仅知专欲。各种活动皆任己意,则无论何人皆有放纵之机会。何者足以阻免之,曰吾人旧有之定律'练习而得满足,错误而感烦恼'而已。与人相处,每次依此律之活动,即所以学习放纵或不致放纵,成人与儿童无异也。余尝见有成人本甚良善,婚娶以后,因其妻之过分服从,而成为放纵者。放纵与否,视其能否体谅他人之权利与感情而定。倘常不顾他人之感情,而其行为常得满足,如此练习而得满足,最足以致放纵也。"

"君以为顾及儿童之兴趣,不致放纵儿童乎?"

"余意如此。最后之问题为吾人应给儿童自决之机会,而同时仍不放纵之,不使之自私自利。"

"如君所言,自决之机会岂非养成不自私之所必需?儿童非练习不自私,如何能学习不自私?非数者之中有选择之练习,如何能练习不自私?反对君说者,徒自矛盾耳。"

旧法如何避免自私

"大致如此。然吾人研究问题,必持公允之态度。旧说常反对儿童有练习选择之机会。其所借口者,谓儿童年幼,不能选择。故父母或师长常代为决之。如此则养成二种习惯:(一)服从命令;(二)听人指导。仅如此,儿童既不练习自私,又不练习不自私之选择,因彼自己实未选择,或仅有极限制之选择也。虽然,此说亦有消极的好处。盖儿童表面上不致实行自私之事(因服从他人为不自私,而师长又指导其不自私),因此无机会以养成自私之习惯也。但内心不可勉强,彼对于师长之命令或已造成激烈之反抗矣。"

"余仍信反对君说之论显然自败。彼常竭力反对放纵,而赞成旧法之无机会以自私。倘儿童无机会练习选择,安能养成理智的不自私乎?"

"余亦以君为然。但余尚有不解者,即依君之言,行君之法,儿童应'愿所当为',吾人不将使儿童软弱乎?乐于简易,人之常情也。然则训练将如何着手乎?君引桑代克氏之言,余终未能明了。人常舍难而就易焉,则品性之骨干何在乎?"

普通人不常选择简易之事为之

"余欲说明者有二点:(一)青年不常选择简易之事为之。君不闻儿童彼此夸耀,能胜若何危险困难,甚至痛苦之事乎?余谓力强年富,有志勇为之青年,恒舍简易乏味之事,而愿以努力而致成功。此其一。(二)凡有价值之兴趣,必寓困难,既有决心以达此目的,必经极大之困难。倘困难不致太大,或不致乏味的延长,则足以引起热忱,增进奋斗。此其二。以此二因,人能因兴趣而不惧困难也。"

"然则君以为兴趣主义并不使儿童放纵乎?"

"诚然。唯亦未始无放纵儿童之危险,犹利器伤人之危险甚于窳败之器也。但用利器足以成功。兴趣主义足以养成品性也。"

"君谓全心全力有兴趣的活动足以养成而不抵触道德的品性乎?"

全心全力之兴趣足以养成坚贞之品性

"余诚以为然。盖坚贞之品性必有节制。而制遏之道,莫若与积极的兴趣相联。仅有制遏,不能为功。坚贞之品性应为积极的。"

"君如此注重儿童之自决,则何需乎教师?君以为教师亦有地位乎?"

"教师当然有其确定之地位。教师初则指导儿童对于目的之选择,继则指导其达到目的之进行。于必要时,亦可命令或禁阻之。然激励与指导乃教师积极的职能也。余意教师又为学校风纪之创造者。一校至宝贵之遗产,为其所具之风纪。推之一学级,一儿童,亦各具特殊之风纪焉。所谓风纪,含有外面的行为之习惯,及内心之态度。吾人深愿学校养成儿童之习惯与态度,使知公众福利在个人私利之上,又使能以坚忍之精神与努力以达其目的也。"

"凡此种种,如何而可养成?"

"其唯'练习得满足','错误感烦恼'乎?儿童必需练习置公利于私利之上。如其不能,则当使感烦恼。然正当之练习,与正当之快与不快,非有兴趣不可也。"

"君言非有练习不能养成兴趣,又谓倘非已有兴趣,不能得练习,岂非自相矛盾乎?是以余谓兴趣主义不足恃也。父母师长必监督指挥而后可,否则儿童造诣不深也。"

"请勿躁急,兴趣虽指目的,而有时亦即达此目的之方法也。"

兴趣能如何自行扩张

“余不甚明了，请举一例。”

“假定母子二人，子方病危。其母对于火车时刻表或旅行之计划，亦有兴趣乎？”

“倘彼为慈母，决无兴趣。虽力劝之，彼亦不肯离家庭一步也。”

“余未敢断定。倘医生言，因调换气候，须转地疗养，则其母对于应至何处，如何去法，必极有兴趣。欲求康复，既必需旅行，彼因对于其儿有兴趣，而对于旅行亦有兴趣矣。”

“健康婴儿之母亦因婴儿而对于他事有兴趣乎？如事之向无兴趣者，今亦能有兴趣乎？”

“诚然。余尝见少妇之前后迥异焉。未有婴儿以前，彼之兴趣在跳舞，在斗牌，在观剧。有婴儿后则不愿常出外，彼常研究食物之营养价值、牛乳瓶之消毒、婴儿之衣服、习步车及玩具等无论矣。无论何事与育儿有关系者，皆感兴趣焉。”

“然则对于目的之兴趣可扩而为对于方法之兴趣乎？”

“诚然。”

“彼亦练习新事物乎？”

“余尝知一年少之母，初毫不知如何缝纫。及有婴儿以后，则迥不同。彼能缝纫婴儿之物，一若善于手工者然。”

“彼对于缝纫亦有兴趣乎？”

“余所指之少妇对于缝纫大有兴趣。彼实有缝纫之天才，为昔日自己意料所不及。其夫为某大学助教，所入不丰，己之衣服遂亦完全自制，而引以为荣焉。彼女友之欲制衣者，且频频请教之。”

“吾人愿研究此事之经过。”

“此妇对于婴儿之慈爱，及研究食物之价值、牛乳瓶之消毒，及制衣等有天赋之能力。唯在结婚以前，此种可能性无一实现者。余说然乎?”

“然。”

“婴儿初生,即发母的慈爱。即由此主要兴趣,而使彼研究食物之价值,及用科学方法以注意牛乳瓶等。”

“然。且使彼制婴儿之衣服。”

“此非因对婴儿有兴趣,而使彼习制婴儿之衣服乎?”

如何兴趣与实习相互造成

“此事诚然。制婴儿之衣成功而后,证明彼有缝纫之能力。尝试之成功及节省之希望,又使彼自制衣服。初仅改制嫁时衣裳,继则自成新衣矣。”

“天赋吾人以潜在的兴趣(potential interest)。生活上之需要激刺之而成活动。进行此已引起之活动时,又得附属的各种新练习。而此练习又养成其他新兴趣与新练习。循环相生,靡有限制。余说然否?”

“然。此生活之道也。”

“然则兴趣依赖练习,练习又凭借已有之兴趣,吾人将何说以解之?”

“此点余已明了矣。但君若无兴趣以为开始,则余不知如何而后可。”

“余亦不知。然君诚能指出一绝无兴趣之人,则余亦将不知如何开始其教育。然普通健康之儿童岂有不具充分之兴趣者乎?”

“今始知君力言儿童之本性为活动实为开起之点。”

“诚然。舍此无他焉。”

教育为兴趣与练习与新兴趣之连续

“君意谓教育为兴趣、新练习、新兴趣、更新之练习、更新之兴趣等之一种连续乎?”

“余意诚如此——此需睿智之教师,有以指导之。”

“君以为发展此种兴趣之连续应常在兴趣之范围中乎?”

"余深望之。余以为常在兴趣范围中,即最适于学习之条件也。"

"间接兴趣之用即在此乎?"

"君意此足使兴趣之增广乎?君说甚是也。"

"余犹未明。何谓间接兴趣?岂尚有直接兴趣乎?二者之分别何在?"

间接与直接兴趣之不同

"直接兴趣者,人对于一事感觉兴趣,而不必问其所以然。为母者对于婴儿健康之关心,女孩玩耍洋娃之兴趣,皆其例也,皆不必问其所以然者也。但医生言应调换气候,其母对于山间别墅、火车时刻遂有兴趣。因此为婴儿健康之所需,彼对于婴儿之直接兴趣扩张而后,始有对于他事之间接兴趣。事之本无兴趣者而有兴趣(间接兴趣),则以其有关事物之原有兴趣者也(直接兴趣)。"

"然则直接兴趣之四周有无数间接兴趣乎?"

"然。直接兴趣积极进行,自能化出无数间接兴趣也。"

"此为兴趣范围之增广乎?"

"然。"

"亦有兴趣初仅间接,而后成直接者乎?上次讨论少妇之对于缝纫有兴趣,即一例也。"

"诚然。事实上每一新练习成为间接兴趣。[1]"

"吾人亦能综结以上之所述乎?"

结论

"兴趣与努力者,乃有一定心向之活动之两种说法。吾人指人心之所向如何热烈,如何感觉,如何重视而言,名之曰兴趣。指心向之虽遇困阻,仍能奋进而言,则名之曰努力。此其

[1] 此处疑有误。此句原意为:"而且事实上每种新的活动通常都是从间接兴趣开始的。"——编校者

定义也。"

"吾人之重视兴趣与努力犹重视心向也。每一名词皆指利于机体活动之情境而言,——结果易于成功;利于复杂的动作之学习——学习易于发生;更有利于学习之历程——高深之学习易于实现。"

"兴趣一利器也,不善用之,危莫甚焉。然使无兴趣,则仅有拙劣之事业,何来杰出之教学乎?"

"判断兴趣良否之标准在于有效之生长(fruitful growth)如何。有兴趣而无进步(或生长),是放纵之谓也。欲求生长,要点有三:(一)有浓厚之兴趣;(二)能引起最大之努力;(三)有适当的成功。由此三者,而有生长。欲求最良的生长,必有社会的环境与睿智的指导焉。"

"数者兼备,而吾人所谓之兴趣主义始成。"

第十一章
兴趣(续)——自我与兴趣

自我与兴趣

“自上星期讨论之后,余对于桑代克氏之言常觉疑异。氏谓:‘承受一种工作而认为有兴趣’此种心理即足使之进步。(mere decision to accept certain work as interesting improved it. *Educational Psychology*, Vol. Ⅱ, p. 353.)”

“余未见其可异也。此与吾人所已讨论者适相合。准备与心向可以致良好之学习。”

“余亦知之。余常将此说与杜威氏所谓‘我与物俱化’(the self is concerned throughout, *Interest and Effort in Education*, pp. 15, 43)者相比较。有真实之兴趣者,其人沉浸于一种活动中,将自我与活动化为一也。”

“余仍不见困难之所在。此种学说完全与吾人所讨论者无异。倘吾人有统一的心向,即觉活动之有兴趣,而自我与之俱化也。”

“余所注意者,为‘自我’一名词及‘自我’之意义。‘我’与物化,‘我’承受有兴趣之工作。‘我’沉浸于一种活动之中。”

“君说甚是。自我足以引起一种问题。无论何种兴趣,必包含自我。虽不易明了,而事实如此。去夏暑期学校中,余亦斤斤于自我一名词。强制者,即为‘在我之外’之选择(choice external to the self)。尚有他种类于此之讨论,颇有兴味。余忆吾级中曾讨论兴趣之'我与物化',是否应据文直解,抑仅设词譬喻,结果佥以为应据文直解云。"

"余诚愚鲁,或心理错误,否则何以全不知君等所讨论者为何?'自我'与俱化之意义,君与余之解释完全不同。譬如女孩对于洋娃极有兴趣,彼即与之俱化乎?如何可说彼即洋娃,或彼与洋娃为一物乎?余谓此属无意识之谈。"

"余未尝言女孩意谓彼即洋娃,或彼与洋娃为一物,此实无意识矣。余言女孩装饰洋娃或与洋娃玩耍,几臻俱化。"

"此说较佳,但余仍不能明了。"

"吾人能否讨论自我与兴趣之关系,或可较为明了。"

"甚善。但仅述'自我'一名词不如解释'我与物化'及'在我之外的选择'之较易。"

"余愿追随诸君研究。然对于'在我之外的选择'之意义,实觉莫明其妙。"

自我与选择

"余或能释之。假定一儿于星期六愿偕诸童钓鱼。其父以旧法管束其子曰:'不可。汝必在田中刈草。'子方犹豫,父又曰:'汝必刈草,否则受鞭挞。'设此儿决意不受鞭挞而刈草,君谓彼选择刈草一事乎?"

"余不知所对。从一方面言,彼选择之,又一方面言则否。"

"吾人宜明此不定之意义。去夏暑期学校中余闻一有兴味之讨论,即'希望'与'畏惧'二词足以判明'在我之内'及'在我之外'之意义。"

"君意稍晦,然余或了解之。"

"余亦知之,吾人对于将来'希望'某事之实现,又'恐惧'他事之亦将实现。倘为选择问题,吾人必选择所希望之事,而遗弃吾人所惧其实现之事焉。”

“然。吾人选择所希望者为‘在我之内’,所恐惧而反对者为‘在我之外’。”

“在我之外”的选择

“然则何谓‘在我之外’的选择？此似自相冲突。”

“无论自相冲突与否,此为事实。如某儿之钓鱼与刈草一例。希望钓鱼非‘在我之内’乎?”

“此甚明了,彼实希望之也。”

“于星期六刈草为‘在我之外’,至于鞭挞尤然。然刈草而不受鞭挞,与鞭挞后始刈草,二者之中宁择前者焉。”

“此亦明了。”

“然则‘在我之外’的选择之意为在己之外,两害相权而取其轻,倘有自决之机会,则二者皆在被拒之列焉。”

“‘倘有自决之机会’一语,非亦足以解释之乎?”

“‘我与物俱化’一语亦然。自我与活动俱化者,此种活动实为已所希望而选择者。选择所希望之活动,所谓‘在我之内’,盖活动几为自我之一部分也。”

“然则发生效力之强制,为在我之外的选择乎?”

“余亦以为如此。”

“语云‘中心交战’(torn within)。依此而论,究属何意乎?”

中心之交战

“此与吾人所讨论者适相合。试举例以说明之。假定叶翰加入豢禽会,现正孵化雏鸡,彼有极浓厚之兴味而几与所事俱化。但彼尚有他种兴趣也。某星期六,与诸儿约定钓鱼。及期,正欲出发,钓竿垂饵,均已齐备,诸儿莫不希望叶翰之前往。但彼忽察雏鸡中有病者,如何可一日离乎？此时有一种心中之交战。一种兴趣曰‘去’。一种兴趣曰‘留’。二者皆自内发出。此种选择,左右维谷。终乃决意不去。”

“君名之曰内的选择乎?”

“动机自内发出,故吾人名之曰内的选择。鸡病属外,叶翰亦知其为外,其于鸡病,亦深恶之。旋复自念,恶之何益。亦唯有顺受环境而谋适应之,否则群鸡之损失更不堪也。”

“君非引入连续主义(doctrine of continuity)乎?”

连续之观念

“君意何指?所谓连续主义者,吾人从未讨论及之。”

“连续之名词或未提及,然事实上吾人已论及之。余意如此:希望与恐惧,初视之,一若完全相反,无折中之余地。事物之‘在我之内’及‘在我之外’者亦然。吾人熟思以前,事之在内者一若终在内,在外者一若终在外。因此初视之,似有在外之选择及在内之选择焉。然今则吾人知其仅有程度之不同耳。盖选择有较为在外者或更为在外者,有较为在内者,更为在内者或完全在内者。不其然乎?”

“诚然如此。此实连续之意义也。生活中有此种事实,吾人必承认之。请自今始。”

“君意何属?”

“余指连续之观念。请进而论之,并举例以说明之。假定发现鸡病之后,叶翰闻一种新制之孵雏器,其式新颖。叶翰不能明了焉。归而询其父,父既守旧,讥此新式孵雏器曰,此仅城市人之意想,书本上之农务,凡讲求实际者均不能信之。叶翰以乃父之意见为意见。翌日,豢禽会中某儿述及此器,叶翰讥评之。但此新式之器未尝因此而失败也。农业专家说明之后,大受欢迎。某儿有一新式器,功用显然。叶翰之至友仿制此器时,叶翰更有精细之观察。乃亦制备一器,功用极佳,遂心悦诚服。将其所有孵雏器尽行改制,并广为宣传此器之佳妙焉。”

“君意叶翰一例可使吾人明了一事之始完全在我之外,如何逐渐变为在我之内乎?此即所以明证连续之说乎?”

选择之连续

“然。选择之中即寓此连续之意焉。自完全反对至于完全承受,其中程度、类别綦繁。反对之激烈者,唯恐外界之恶势力,使吾偶亦或为之;热望之真诚者,唯恐外界之恶势力,使吾拒而不为。于此在我之外与在我之内二极端中,吾人行其选择焉。”

“此非心向乎?”

“依心理而论诚然。其实吾人于讨论强制与学习时已详论之矣。”

顺受环境

“君曾言叶翰终‘顺受环境’,而君似以其痛恶与顺受环境相联。可否请加说明乎?”

“吾人讨论强制与学习时,亦会提及之。此实大有关于立定目的与吾人对于目的之态度。叶翰之父命其刈草而不准钓鱼时,其母或谓之曰:‘余知汝之失望,但汝必顺受环境,勉力为之。’叶翰遵母命。但其顺受为自外的,而非自内的。相反之心向长留,而其选择为外的。其事自始至终均为强制。当其牺牲钓鱼之行而看守孵雏时,初实不能顺受环境。彼之怨恶,即足以征其反抗也。稍顷而顺受环境,初非尽心的,及后彼觉留守而注意孵雏之实效,彼之顺受始渐形自然而完成也。”

“此为程度不同之又一例乎?”

“诚然。自极端反对至极端顺受,其中程度实大不同焉。”

“余意以上讨论,仅用各种说法以述同一事项耳,如心向与准备、相反之心向与不准备、在我之内与在我之外、内的选择与外的选择、‘与之俱化’及反抗、‘顺受与反抗’皆是也。”

“君言实大有意味。凡此所述,诚为同一观念之重复的说明,然因此而吾人对于一种情境始有多方看法也。”

“此有何用乎?余以为吾人讨论者为兴趣。兹仅多引新名词耳。吾人岂忘却兴趣之本题乎?”

兴趣与学习

"吾人仍讨论兴趣也。如正学习与副学习,皆恃乎学习者之态度。倘做事时觉在我之外,反于已之兴趣,则对于工作之准备必少。而其工作不能良好,无论成败,学习之结果必鲜,且必不能养成关于此事之良好态度焉。"

"即使悉如君论,连续与程度之不同与此有何关系乎?"

"吾人可设想一级之人共做一事。彼等分布于强制与兴趣之一尺度上(coercion-interest scale)。有在严厉强制之下学习者,有在极微强制之下者,或有微薄之兴趣者,亦有极浓厚之兴趣者——在此种情形之下,学习者在尺度上之地位不同,而学习之结果亦异。"

"亦有在尺度上递升者乎?"

"诚然。某女孩或觉不能学习一事,亦不愿尝试。在强制之下,彼微试之,倘彼之成功出于希望之外,彼即增加兴趣(在尺度上递升),学习亦因之增进。"

"然则君信任强制乎?"

强制与兴趣之尺度

"余尝详论之矣。假定以一尺度代表吾人之所讨论。使'C'点代表高度之强制,'I'点为高度之兴趣,'O'点则既不顺受,亦不反对。倘学生之工作,自'I'点而降至'C'点,则彼之学习,必不及自'C'点而升至'I'点者也。此非特于正学习为然,即副学习亦莫不然也。此类附学习之强度,'C'点与'I'点相同,其所以异者,在'C'点为不良之态度,而在'I'点则良好也。在'C'点吾人易于养成一种态度,反抗被强迫之工作;在'I'点吾人对于工作易于养成良好之态度焉。"

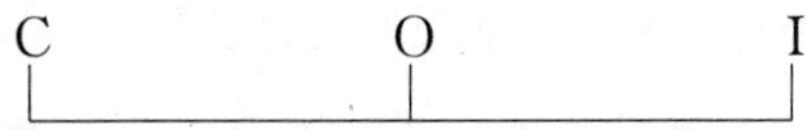

"君对于余之问题遁而不答。顷者君言吾人可于尺度上递升,今又置之不论。何也?"

"余尚无充分之时间。余言'可'递升而未尝言'必'递升也。强制或可使人努力,逐渐养成兴趣。如此则良好之结果胜于不良者。此种事实未尝无之。"

"然则君终信强制乎?"

"余信强制只可用于使人在尺度上升到'I'点之时,且强制为使之上升唯一之方法时始用之。但以普通论,余意人之屈服于强制之下者,为最不幸事也。"

何时始可用强制

"君以为吾人不能恃强制以使儿童有正规之学习乎?"

"余意诚如此,以强制始而以强制终者,其事必遭失败。外的动机(extraneous motive)亦然。伍德沃思氏之言曰:

> 吾人若对于活动而无兴趣,则不能有成。外的动机或能引人至活动之门,既入,必将外的事项摈弃无余。……欲于某学科有所得,必'入'此科之堂奥,而沉浸于其间,乐之不疲,常随兴趣而进行也。(*Dynamic Psychology*, pp. 70, 71.)"

伍氏之直接兴趣说

"此处之'外的'(extraneous)又属何解?"

"除对于活动中之直接兴趣而外,皆为外的。如好奇、恐惧、竞争皆为外的兴趣。以活动为方法,而达他活动之目的者,常为外的兴趣之例。"

"君意欲有成就,以直接兴趣为最良,而吾人不宜用间接兴趣乎?"

"余意最良的学习与他种成就之效率,来自直接兴趣也。"

"余愿吾人再论自我。余愿知自我与兴趣之正当关系。余谓自我由各种兴趣而成。此说是否有当?"

自我与各种兴趣

"由各方面观察而言,此为极有用之看法。"

"此种自我或人格系禀赋的,抑获得的乎?"

"禀赋的亦获得的。吾人生而有感应结之细胞核(nucleus of S→R bonds)。由经验与学习而造成无数新感应结,积渐而养成一复杂的自我。依此而论,自我为感应结之有组织的总合(an organized aggregate of S→R bonds)。"

"君言'有组织的',又言'感应结之有组织的总合'。是何意乎?"

"吾人对于正当人格之观念,组织实占重要部分。假定一人有无数兴趣互相冲突,而不能决定。日常如此,则此人既不能快乐,又不能有能率。"

养成人格

"吾人非应养成人格乎?此为可能乎?"

"此为可能的且为必要的。无论何时,吾人有所反应,则于人格必有或良或否之贡献。"

"君言或良或否,岂指吾人可毁坏人格,或造成人格乎?"

"然。"

"吾人不应研究儿童须养成何种人格乎?"

"诚然。"

"自我常活动,此何意乎?"

自我常活动

"此为极有用之概念,世人常以为儿童非经成人鼓舞或激诱,永不做事。此种观念,在昔尤甚。但吾人否认之。盖自我常活动,即人之本性常喜做事——吾人身心必有所寄托。桑代克氏所谓'心的空虚,为人生最烦恼之一事'是也。(Thorndike, *Educational Psychology*, Vol. Ⅰ, p. 141.)"

"诚然。杜威氏之言曰,主张强制之努力以及糖衣式之甘诱的兴趣者,表面上似彼此相反,其实根本上相同。盖二者佥以为自我非活动的而静止的,必需人推之挽之,始有动作。(Dewey, *Interest and Effort in Education*, pp. 6 - 7.)吾人与杜威氏表同意,盖自我本质上常活动也。”

“余愿再论有组织的人格,并愿知如何谓‘分裂的自我’。余尝闻此语,终不能明自我如何能分裂,岂一人可有数我乎?” 分裂的自我

“此问极不易答,但实有讨论之价值。世实有二我之例证。寻常称为二重人格(dual personality)。此实一种病态也。”

“君以为一身有二人乎?”

“略如之。詹姆士氏曾举一例曰,某人全忘其过去之生活,而重营生活。未久又忘其第二自我及其经验,又开始另一自我。(James, *Principles of Psychology*, Vol. Ⅰ, pp. 390 ff.)但吾人述分裂的自我时,未必指如此极端之情形也。”

“君意何指? 余实莫明其妙。”

“君尝闻儿童在家庭中,偕其余儿童相处时,迥不相同乎?王儿在父母尊长之前,举止合礼,而与小朋友相处时适相反。吾人亦可名之曰分裂的自我。王儿之行为显然有二种组织,而随机应变也。”

“此种生活含有作伪与欺骗。君因此而反对乎?”

“此反对之理由不充分也。但此种生活分析为二种组织,即乏统一生活之能率。此两重自我互相牵制,不能有快乐之生活也。”

“强制岂非易于养成分裂的自我,而此非反对强制之又一理由乎?”

“余信以为然。儿童在校肄业,日复一日,佯为注意于课业,实则一心以为有鸿鹄将至,易于养成分裂的自我。此种情形有碍儿童之品性,且学习亦因之而减少也。”

“吾人应养成儿童统一的自我(unified self)。君将以之为目的乎?” 统一的自我

“诚然。学校最要之目的，不独使儿童生长，且须生长而致于统一。若以社会的需要言之，则道德教育之目的即在努力于统一的品性之逐渐养成也。”

“‘较高的自我’(higher self)与‘较低的自我’(lower self)究属何意乎？”

“此为自我的分类之一种。吾人佥知有一种冲动引吾人至高尚优美之域，故由之而可组织高尚的品性。然同时又有一种冲动足使吾人日趋于卑下，故由之则养成卑下的品性也。”

“此意君自弗洛伊德氏(Freud)得之乎？”

“非也。余不能确忆最初于何处闻之。但未闻弗洛伊德氏之前，于《圣经》中已略涉之。柏拉图(Plato)于《理想国》(*Republic*)一书中亦引用之也。”

“君愿自我常组织于高尚之域乎？”

“余深愿之。”

广大的自我

“何谓广大的自我？岂尚有狭小的自我乎？”

“余以为二者之不同，常在吾人对于他人之态度中见之。如一母与其病儿，此儿之健全非属其母自我之内乎？”

“倘此为普通慈母，必如此无疑。”

“君意谓此儿为其母之一部分乎？”

“余前已论及之矣——凡关于此儿之福利，皆属于母的自我之一部分，且较诸彼一己之福利及安逸更为宝贵焉。”

“‘广大’与‘狭小’如何加入乎？”

“假定一自私之人，以彼一己之逸乐为前提，其次方及于妻子。余以为此人有一狭小的自我。此母能为病儿牺牲，余以为有较广大的自我。彼之自我足以容纳另一人焉。”

“此与自私与不自私相同乎？”

“自私之人宁满足狭小的自我之需要，而不愿满足广大的自我之需要。”

“君意人人皆自私乎?”

“余未尝以为如此。”

“人人非各求事之有最大快乐者乎?例如此母以看护其儿为乐事。彼之自私与他人无异,虽途径较佳,而仍为自私也。人各自私无疑。”

何谓自私

“君谓各种行为同一自私,实有未尽然者。依事实言,何者为儿母主要之希望乎?彼之尽心看护,欲求其儿之福利乎;抑因一己之愉快乎?此儿几濒于危,其母以一己为前提所以看护其儿乎;抑忘寝与食,及一己之愉快,而专求儿之福利乎?”

“凡为慈母者,必忘一己而专注意于儿也。”

“诚如此,余必以彼为不自私,而吾人因此可知自私与不自私之重要分别焉。”

“所谓不自私之母,君以为并非从其所好乎?”

“非也。彼实从其所好。余之所以尊崇之者,因以此为所好,否则将轻视之矣。人之不同,不在其是否以兴趣为归,盖人莫不从其所好也。其不同者,以兴趣之种类不同耳。广大的自我,以服务他人为兴趣;狭小的自我,则对于他人漠不关心。广大的自我不自私,狭小的自我则自私也。”

“君前言兴趣冲突时,人不能决定如何?”

“然。余固言之。”

“君未尝涉及意志。余常以为余之能决定者,意志使然也。君谓然否?余之意志使余决定,抑余之感应结使然乎?无论如何,意志之地位如何?”

何谓意志

“余以为意志为一种普通名词,所以代表冲突后之一种决定,兴趣与相反之感应结归于一致认定之行为也。”

"与组织亦有关系乎?"

"大有关系。对于一事意志之坚强与否,常视关于此事之诸感应结是否具强有力之组织以为衡。"

"然则意志可以养成乎?"

"然。养成统一的自我,即所以养成意志也。"

"意志亦因练习而生长乎?"

"然。与他种学习无异。练习而得满意,足以养成之。"

强制与练习意志

"余今得君之弱点矣。君尝反对强制而目为无益,今又言练习意志之有效。余固谓凡有益儿童之事,必使之练习其意志。练习之后,则意志愈坚强,及后彼等且将感谢余等也。余意吾人不讲意志,实遗漏一重要分子。今知余之理由充足也。余在大学肄业时,感哲学之困难。初忽视之,而意志亦渐薄弱。及后余决意研究哲学,排除困难,尽力为之。意志亦遂坚强。此余之意志由练习而生长也。君有何说乎?"

"余于再申前说外,更无他说也。君各种相反之兴趣共同决定以学习哲学。达此决定之一点,实由君各种感应结发生作用之结果。君之意志无他,由君各种感应结相互订定一种行为耳。君之研究哲学,因练习而得成功,而得满足,因此易于进行,渐有把握焉。此实根据于君固有之意识的决断,君名之曰意志之增长。余名之曰感应结之组织的进步,或感应结之巩固。又君自言,由君自决而研究哲学。余否认之为强制。君之所言,实足以证实余之论点,而不足以申君之理由。如学习哲学而终于强制,则君亦将终忽视之。此吾人于讨论强制与学习时,已详言之矣。"

"然则强制非助余由忽视而从事研究乎?强制非积极之分子乎?"

"或如此。然其后君因练习而有良好之结果,研究哲学之心愈决,不复由于强迫而然矣。"

"自我包含无数兴趣,君则欲组织此种兴趣,使有较良之合作,而成统一的自我。君意如此乎?"

"然。此种自我之概念极为有用。然关于自我之说,尚不止此也。"

"从上述之观点,君对于道德教育之意见如何?"

道德的生长与意志之训练

"余意道德教育或道德之生长包括以下二点:一、继续增加并改善高尚的兴趣;二、组织新兴趣与旧兴趣使常有较好之组织。"

"此种进程合于学习律乎?"

"诚然。"

"此为训练意志乎?"

"余意此名词不无流弊,然余实认此为唯一的意志之训练。"

"激诱之问题如何加入乎?余忆怀特氏之《学校管理》(White, *School Management*)中曾制一表代表激诱之程度,并言引用表上最高之点最有实效。其说已不合时乎,抑尚含真理乎?"

"余个人意见以为此说仍确。激诱之用,可使兴趣活动;激诱之高低,亦即兴趣之深浅也。竞胜(rivalry)在氏表上之地位颇低,因此种兴趣,吾人不愿深造于儿童生活中也。依此而论,吾人愿尽力所能,练习最高等之兴趣。"

"练习一种兴趣,即养成之乎?"

"练习而得满足,则可以养成。盖练习一种兴趣而感满足,即使其前进之途径更形稳固,而在个人生活中占较重要之地位也。"

"余忆及内部的激诱与外部的激诱(intrinsic and extrinsic

incentives)。此与目下之讨论有何关系乎?"

内部激诱与外部激诱之相反

"此种名词常指使人从事一种活动之引诱。假定一种活动在自我之外,则自我必不乐于从事,否则必别有所趋或所避也。此所趋所避之事物使人从事不愿意之活动,谓之曰外部的激诱。自我之内的活动,由吾人所自择,则名之曰内部的激诱。"

何以宁择内部的激诱

"何以吾人宁择内部的激诱乎?"

"此问又涉及强制与学习之一切问题矣。其答复可分为三:一、吾人已引伍德沃思氏之言,吾人欲做事真有能率,则对于所事必有真兴趣。否则不能有真切或久长之注意,更不能有最多量之学习,因其成功不足以引充分之快感,失败不足以起深切之不快也。更有进者,吾人倘因外部的激诱而从事活动,则其主要之兴趣不在活动,而在激诱,于是对于活动将忽视而不注意焉。若活动而有成功,则其满意亦不在活动而在刺激。无论结果得何种学习,在活动之自身者少,而在关于活动之激诱者反较多也。"

"第二理由实包含于第一理由之中,但分列之较为明了耳。吾人对于儿童做一事,常应养成其对于此事之兴趣。譬如余教历史,余愿儿童养成对于历史之兴趣。此为现在与将来之学习之最良保障。但欲养成兴趣,必练习此兴趣——即练习与满足(practice with satisfaction)是也。此意在学生对于历史有兴趣而练习,非仅对于取得奖品或优等分数感兴趣也。"

"第三理由即上述之'统一的自我'。外部的激诱易于引起虚伪之注意,而真正注意别有所属。在此种生活中,易于养成'分裂的自我'而不能养成'统一的自我'也。"

使事物有兴趣

"常人言'使事物有兴趣',此属何意乎?"

"其意或为'诱以甘言',即用一种外部之兴趣或激诱也。"

"此非易趋于'放纵'乎?"

"余意亦然。"

"放纵之危险,可为反对外的兴趣之第四理由乎?"

"然。余以为关于'分裂的自我'有二种危险:一即精神涣散;二即放纵也。余愿二者皆可免除之。"

"活动之始,虽基于外部的激诱,亦能由渐而成为内部的乎?"

"吾人前已述之,此为可能的。于桑代克氏所谓'联想之迁移'(associative shift)中有之。吾人只可于二种条件之下,始加赞许:一、此种迁移必须实现;二、事实上此为养成兴趣唯一最良之法是也。"

分数与奖品

"君尝述奖品与分数。君列之于外部的激诱中而反对之乎?"

"此为困难问题。以普通人对于分数之了解及分数之应用论,余之答复曰然。分数与奖品为外部的激诱而不应存在。"

"各种分数皆如是乎?"

"否。数种新制记分法近乎测量活动自身之成功,人几视分数为活动成功之符号。然即此余犹不能无疑。一则余不信学校技能可离生活之实用而学习(末章将更论及之);二、余不愿人以符号与成功过分视为密切,甚且以符号为重,而反忽于真正之成功也。"

"君亦不承认所谓自然的激诱乎?"

"否。余不否认所谓自然的激诱。但以其既为内在的,则不能为分数与奖品制度之保障也。"

"可否请君综结今日之所论乎?"

结论

"余深愿之。言人由各种观点,讨论兴趣与自我之二种观念。所引用之各名词,其中不无重复。然于实际的教育问题之解答,殊有用也。各种观念中之最要者,即自我为活动的,而常包含各种兴趣。无论何时,宇宙之于自我,分二大部:一内一外是也。此内与外之观念,与昔日所论之心向与准备诸问题攸关,自我之概念,因此益加明了。统一的自我最为重要,而为道德教育中理想。因此'意志'亦有较新与较有效之定义。最后,内部的激诱亦加以说明而取得新辩护焉。总之,吾人具自我与意志之概念,使兴趣主义与学习心理相关,亦即使心理学与教育学、伦理学可以互助。吾人苟能从事于此,则困难虽多,所得必巨也。"

第十二章

兴趣(续)——兴趣之久暂

“日前余闻一新名词,曰‘兴趣之久暂’(interest span)。余不知其义。有能告余者乎?”

“余知之,去年余在暑期学校中闻之。其义大概如此:年幼之儿童较年长者易于递变其兴趣。年幼者对于一事不能持久,彼之兴趣较暂。以婴儿论,只数分钟耳;稍长之儿童,则有数小时;更较长之青年男子或女子,对于一种活动,能从事数日或数星期;而成人欲达一目的,或延至多年之久。”

兴趣之久暂之定义

“君说甚是。然余不知君将如何测量兴趣之久暂乎?余欲思想正确,故有此问。此与注意之久暂(attention span)相同乎?君以为在间断之后,仍能坚忍乎?”

“君如何想法实无甚关系,只须前后一致。余谓之坚忍之耐久力。余意即达到一种志愿之时间之久暂。”

“然则一人欲达各种不同之志愿,其时间久暂亦不同乎?君意一人兴趣之久暂,依最持久之努力计,抑以达到各种志愿之平均时间计乎?”

“余重言之曰,君如何想法无甚关系,只须前后一致。无论如何设想,儿童兴趣之久暂依年龄而增长。”

“君以兴趣之久暂为最重要乎?余意谓或有更为重

要者。”

“余亦以为然。君意何指乎?”

“余指意识的选择,譬如年幼之儿童,一念及某事物,即从事为之。不稍思索,更无所谓选择也。”

尚有何事因兴趣之久暂而异

“君意兴趣加久,则意识的选择亦因之增进乎?”

“然。但最初儿童做事,并无一定之目的或真确之选择。幼儿将石子置于口中,非欲吞之,或知其味,实无意识也。如彼得糖或盐或烧热之煤屑,亦将置于口中,非真欲试验也,彼仅欲玩弄之耳,即极小之物亦能刺激此种动作也。”

“君以为儿童有经验并知其结果后,方能选择乎?”

“诚然。”

选择之阶级

“杜威博士演讲时曾涉及此点。以余所知,其说未见何种书籍。大概杜威承认选择分三阶级:(一)儿童并不预知结果如何,仅由感官之刺激而发生动作;(二)儿童能知所做何事,并知其结果之大概,但事前并未考虑之、熟思之;(三)儿童能运用以前之经验,并知一事之结果如何,而选择之。只有第三种为意识的选择,真出于志愿也。”

“然则君谓意识的选择,与志愿随兴趣之加久而生长,此种生长依杜威氏之三阶级而递进乎?”

“余意诚如此。”

“尚有他事,因兴趣之加久而不同乎?”

“此三阶级与目的有关,至于选择达到目的之方法,亦有相同之生长乎?”

“如何?”

“在第一阶级中,活动太简,无所谓目的与方法。在第二阶级中,渐有达到目的之几种步骤,然仅属偶然。在第三阶级中,始具意识的方法,以达有意识而出于心愿之目的。”

“余觉君意仅为儿童年龄渐长则渐成熟,又何必迂回其词曰阶级与步骤乎?”

“吾人所述,或仅为儿童如何渐长与如何成熟。但吾人不应研究成熟所含之意义乎(例如对于目的与方法,增进意识的选择)?” 儿童渐长

“世人岂非常忽于成熟之内容,而仅注意于成熟之外表乎?”

“内容与外表究属何意?”

“世人常严分成人与儿童之界限。儿童自然须生长;而成人则视为已生长完全。儿童尚未成熟;成人则已成熟。试一究成熟之真义,21 岁或 21 岁以上之人,不应再求成熟乎?吾人一日有生,不应一日进而求生长至老死而后已乎?”

“然彼测量智力者,非尝告吾以普通人自 14 至 16 岁,心理的年龄已长足乎?如何能再求生长乎?” 心理的生长是否至 16 岁而止

“何为不能。除痴愚者以外,在 14 或 16 岁以上,无有不生长者。普通 14 至 16 岁之青年的智力,较诸 30 岁或 40 岁时之智力必不同,足征人之逐年生长也。余之所述为事实,人尽知之。吾人在 16 岁以后生长乃无疑。”

“君不应先述生长之意义乎?”

“诚然。吾人已知兴趣在人之 14 岁以后仍能生长而加久,40 岁人之计划较 14 岁人之计划深远。且年长者之计划较为复杂而易于持久,且于目的与方法多意识的选择。” 生长之意义

“譬如 35 岁以后,其人尚能增进意识的选择乎?”

“余未见怀疑之理由也。吾人知识愈增,经验愈富,而决定行为愈知审慎,且吾人愈知思想之有益也。”

“此非成语所谓‘少年宜做事,老年宜计谋’乎?”

“其中不无关系焉。”

考虑与动作

“少年非较可取乎？吾人非有一时间，必停止考虑，而开始动作乎？余尝见老成持重者，深思远虑，而一事不敢为也。”

“然。此依事之重要与否，急需与否，及吾人之知识而定。有时考虑必易以动作。然实则考虑之要素，即发生动作也。”

“吾人岂忘所讨论者何事乎？君今舍兴趣之久暂而不论。余欲知兴趣加久之后，尚有他种变化乎，抑吾人已尽述一切乎？”

其他生长之符号

“大致虽已述及，然尚有相附而生之他种变化。年龄愈长，活动之步骤愈复杂。其步骤愈基于知识，而其知识亦愈正确而可靠。且吾人之步骤、计划较善，组织较良。更有进者，吾人于选择目的与方法时，兴趣之范围亦愈增广矣。”

“此种变化仅重复或引申吾人上述之诸点耳。凡此皆与较久之兴趣与较多之意识有密切关系也。”

“君说甚是。但于上述诸点外，犹有新发生之兴趣一层。某童制木舟，初因上部太重，遂制龙骨，而使能稳定。渐进而生研究杠杆原则之兴趣。或者更研究速率之学理。此种理智的兴趣，虽非人人有之，然而几乎人人趋于是途也。”

“余愿更知生长之观念。可否复述之？凡君之所言，皆所以示我以何谓生长，生长所含者何，及其标识何在。尚有他事可以申述者乎？”

“可申述者，实不胜枚举。大致可分为二大部分：(一) 经验的内容之增加；(二) 经验的制驭之增加。”

“余适自外来，而闻‘生长’也，‘经验的内容之增加’也，‘经验的制驭之增加’也，此种高深之名词有何意义？亦相联络乎？”

内容与制驭之生长

“吾人意谓良好之生活，有继续不断之生长，年龄愈长，而生活愈丰富优美。此之谓生长，余方述生长包括二方面——

增加经验之内容与增加经验之制驭是也。”

“君意是否谓增加经验之制驭者，吾人不仅能知一良好之事，又能有相当之方法以取得之；增加经验之内容者，人之经验有限，不了解生活之内容，则其生活或觉枯窘乏味。余之解释然否？”

“在研究之始，如此解释甚佳。”

“凡此与教学有何关系乎？余所教者为文法、算术与历史。君之所言与余之工作未见有何关系。余之所愿知者，如何可助余教授不愿学之儿童以必修之功课也。君等常言研究教育，何不研究事实乎？余欲知教授小数除法之最良方法，而君乃废时以述生长，增加内容，增加制驭云云。此真《圣经》所谓‘余欲面包而汝饷我以顽石’也。”

“倘儿童知此语，又不知作何感想。盖彼等亦要求面包，而吾侪常饷以顽石也。所谓不愿学之儿童，亦活动否？”

“活动！倘余一任其所为——直活动似小猫！然彼等非因学习文法或小数而活动也。只有二三学生喜此种功课，而大多数则非驱迫不肯学习。儿童应否学习小数之功用乎？君等究信儿童应学习否？岂学习二字，已不合时宜乎？”

“儿童自然应学习。余所以责旧方法之不良，亦因儿童在此种方法之下不能学习也。”

“然则何为反复以论生长乎？余谓生长与学习绝不相同。树木能生长，人则学习。余实不明君意。”

“吾人试察事实。君言树木生长，甚善。儿童之身体与智慧亦如树木之生长，此近代心理学家之说也。”

“此种智慧，即所谓在 14 岁至 16 岁而长足乎？” 生长之两种意义

“然。”

“君信乎？”

"余以为大致如此。"

"但君所述者,为另一种生长乎?"

"余所指之生长,其主要意义在较丰富之思想,较充足之意义,较细密之区别,较良好之行为,较高之技能,较广之兴趣,与较阔大而完备之组织,凡此皆与兴趣之加久相随属者也。"

"然则生长有二义乎?"

"余谓吾人可如此说法。"

"兴趣加久之生长,由于此相附之诸项乎?抑此相附诸项之发生,由于兴趣之生长乎?"

"儿童在 14 岁至 16 岁之前,二者并进。此后则大致因各种有关系之新事项而兴趣生长也。"

"吾人所注意者为第二种生长乎?"

"然。以第二种论,学习与生长直相同耳。"

学习与生长

"君顷所言,恐未必十分正确。君谓速成强记,可得君所愿之一种生长乎?然速成强记亦为学习,至少心理学家以为如此。君谓如何?"

"余知君意,并极表同情。余以为学习之程度不同。"

"心理学家亦以为如此。然君之所谓学习,并非即心理学家之所谓学习乎?"

学习一名词之二种意义

"余谓吾人所涉之问题不同,因此所用之字义亦异。心理学家专注重实验室之结果,因此彼以为学习之意即养成一种能力、一种技能,有感必应,如此足矣。但余所注意者为生活及生活之改造,尤其于青年如此,而于成人亦然。余愿不仅有反应之能力,并有反应之性向。余意非于适当之时机,'愿'(will)立刻应用一事。则此事未为充分学习'能'(can)做一事,尚不足也。"

"'愿'与'能'——余实莫明其妙,可否解释之?"

"愿"与"能"并重

"譬如一幼童学系靴带。仅'能'系靴带,吾人即满足乎?余曰否,'能'犹不足也。彼'愿'为之乎?余愿学习必深造,而既'能'且'愿'也。"

"与生长何关乎?"

"余意谓除非一事已深入于生活之中,且已改造生活,此事实未尝依生活之目的而学习。如能深入而改造生活,则其学习者已于此得生长矣。"

"何谓改造生活乎?"

生活之改造

"即以幼儿系靴一例而论。前此每晨由母或婢仆代彼系之。自今以往,彼能自系矣。彼之生活,今昔有重要之不同。最显明者,为今之系带者为自己而非母。于此一事中,彼已渐离母独立,而能主持自己之生活。彼渐能自决与自动,而有独立自尊之感想焉。而为母者,则于此又不免既欣且戚,欣其子之进步,而戚其子之离彼独立,不复为母之婴儿也。然则此儿之生活诚已改造矣。"

"此即君所谓生长乎?"

"此仅一例耳。"

"君尝言增加经验之制驭,于此即可见一斑乎?"

"大致如此。"

"君并言增加经验之内容,此例中余未能确知其然。"

"增加内容恐不及增加制驭之显明。然彼自系靴带而学得之诸事,即所谓经验内容之增加也。凡穿带之诸孔,两孔之平衡编结,及穿带时之何者应在上,何者应在下,于彼皆为新知识。其独立自尊之感觉,亦莫非经验之新内容。且彼从此知时间之新意义。往时起身钟也,早餐钟也,独母注意之,彼唯服从乃母耳。今则彼不可因系带而误时,彼对于时间,对于钟声,负一种新责任焉。即此极简单之例,已足见生活中添许多新内容也。"

"君欲以内容与制驭二名词为教育之新定义乎?"

"余谓教育乃经验之继续改造的历程,此种改造使经验之内容加富,同时使学者制驭经验之能力增高。"(Dewey, *Democracy and Education*, p. 89.)

"此即杜威所谓教育即生活,非仅生活之预备乎?"

"然。此彼一部分之意义也。"

"余不知君何以起初注重兴趣久暂之问题。今则余以为兴趣久暂仅极小之一部分事耳。"

"或者如此。然无论如何,此为良好之名词。余意谓此实给吾以良好之起点,以达此教育之新定义。"

"余今始知君答复面包与顽石之譬喻中所暗示之意。盖君注重教育为改造生活也。"

教育为生活之改造

"然。教育为此时此际儿童生活之改造。余对于旧式教法不能无怀疑,易言之,不知其能否改造生活也。余深恐彼等使生活改造,展缓至极远之时间,而使现在之生活饥馑也。儿童或者所谓'活动如小猫',而不在功课中活动。理想之教法在以儿童现在之活动为起点。诚如此,则其活动不致与吾人背道而驰也。"

"此种教育观念非与多数人之教育观念不同乎?"

"此种教育观念尚在初期,然近百年来,吾人最良之方法,实已趋于此倾向也。"

兴趣之广狭

"余愿再论兴趣之久暂,同时亦可论及兴趣之广狭乎?"

"君意何指?"

"余意球、狗、小马等皆在男孩兴趣之范围中;然而'文学家'George Eliot,'定命与自由意志'等则非儿童兴趣之所及。

此非兴趣久暂之问题,而为现在兴趣广狭之问题也。”

“此说甚有理,但君之所谓现在兴趣,为儿童现时所感之兴趣,抑所有之各种兴趣,即现在不活动者亦包括在内乎?”

“余指儿童所有之各种兴趣,即现在不活动者亦在其中。余意真教育必能适合儿童兴趣之广狭与兴趣之久暂者也。”

教育应适合儿童兴趣之广狭

“君意吾人如保持儿童之兴趣,而利用心向与准备,则所施教育应常适合于儿童兴趣之久暂与广狭乎?此实一良好之原则。虽然,吾人前已讨论其例外矣,倘于必要时,强制为最适宜之方法,则吾人不妨用强制,而不得不牺牲兴趣焉。”

“凡此皆甚是。”

“余正在思考君之新原则。余为文学教师,如何可应用之?是否余不能教古文学名著以其在儿童兴趣范围之外乎?”

文学与兴趣之广狭

“倘事实上古文学在儿童现在兴趣范围之外,则君不能使其现在必学习之也。”

“倘儿童不能超出于现在兴趣之范围,如何能生长乎?大体上余与君同意,然余不能使现在童年之限制,永不许余介绍较有价值而较高深之新事物也。”

“吾人此际实有一困难。欲有最良之学习,即如养成态度与好尚,吾人必有兴趣,吾人必依儿童兴趣之久暂与广狭而指导之。然使常在儿童现在兴趣之内,则如何能生长乎?倘不超出于现在,如何能进步乎?”

“君说甚是。除强迫儿童学习新事物外,实无他法,余以为此即应用强制之一例也。”

“但强迫儿童欣赏一诗,有何成效?欣赏如何可以强迫?议者谓欲丧失文学欣赏之能力,莫如现在中学文学之教学。余深以为然,无怪多数人有此感想也。”

强迫欣赏

“吾人真有此进退维谷之事乎?”

"君有何法可以免此困难?"

"余觉有二种实际的方法,吾人前此讨论中皆已涉及之。"

"方法如何?"

"一、教师可启发儿童已有之兴趣,而尚未显著者。"

"可以例证之乎?"

"然。譬如儿童学习'文学',因不能明了其意义,故无甚兴趣。教师于是朗读之,评解之。儿童得新意义,因此盎然有兴趣焉。"

"甚善。第二方法如何?"

由间接兴趣而增广兴趣之范围

"此为间接兴趣之应用。事物本身之无兴趣者,由渐而有极大之兴趣焉。吾人对于一种活动,在他处并无兴趣者,亦能有极浓厚之兴趣。"

"可否请君亦举一例?"

"譬如搬运一巨石,实无兴趣之事。数童欲在小河中筑一堤,以成小池,于是彼等对于搬运此巨石以筑堤大有兴趣。其事之繁重,使儿童愈感其价值,而愈须努力。二者皆可发生兴趣焉。"

"君前此所谆谆之外的激诱,岂尽忘之乎?"

"余未尝忘之。君试观察儿童。最初之兴趣为造成一池,而欲造池必先筑堤。其兴趣中若干由于筑堤之愿望,抑若干由于计划、工作、合作、领袖等原始的本能,姑不深究。其要点在造池一事,使筑堤发生新兴趣。而筑堤一事,又使移石发生新兴趣。君如观察儿童,则知此种活动有无限兴趣也。"

"然则君意研究一段文学,并非仅属一事,而范围至广。譬如全级因一种兴趣而研究一诗,继而或可涉及此诗之其他方面,而乃发生兴趣。余说然否?"

"余意诚如君言。"

"君言'或可'涉及其他方面,或者竟不涉及乎?"

"然。或致失败。"

"此诚大有兴味。君意最良之教育的经验,必发源且继续于儿童之兴趣乎?"

"然。"

"君意经验必进至新境界乎?"

"然。但仍不达儿童兴趣之广狭与久暂也。"

"此非因间接兴趣使之可能乎?"

"然。兴趣扩张,而包括种种联带之活动,即足以增广兴趣也。"

"兴趣暂时增广之后,亦可永久扩张乎?"

"可。此为养成兴趣之最自然的情境。"

"成功亦为养成兴趣之一元素乎?"

"实为重要元素。"

成功在养成兴趣上之价值

"然则君将添一说曰,凡活动之合于教育目的者,应常有成功之可能乎?"

"诚然。"

"讨论渐形复杂,君肯为吾详加说明乎?"

经验何时始为教育的

"余常如此说法:经验之最有教育价值者:(一)须适合儿童现在兴趣之久暂及广狭,即兴趣须常浓厚,否则将失却心向与准备之作用;(二)必能超出于现在之见识、态度与能力之范围,否则不能有生长;(三)其超出现在程度时,仍必常有成功之可能,否则将致失望,而弊多益少。"

"倘余之学生对于较良好之事无兴趣,则余将常以其兴趣之广狭与久暂为限制乎?"

"只得如此。彼等现在对于文学之无兴趣,足以确定君之起点及目的。君当以现在之情境为起点,然后使彼等继长增高以入较良之境也。”

“以儿童现在情境为起点，而不欲速，不助长，即继续改造经验之一例乎？”

“吾人所讨论之生长与继续改造经验，仅一历程之二种说法耳。”

“吾人已详论生长矣。何者为生长之标识，或何者为生长实现之途径乎？”

生长之途径

“此有数种说法，而余意如此。倘经验为教育的，则学者有下列三项之生长：（甲）眼光与识解；（乙）态度与欣赏；（丙）制驭之方法。眼光与识解之生长者，指现在较以前能见到较深远较重要之点，而‘知’（see）作何活动也。态度与欣赏之生长者，指对于较远之眼光，较深之识解有新兴趣与新价值。彼感新事物之价值，又对于旧事物能以新方法估定其价值。以今较昔，彼既有不同之兴趣与价值，则在适当之时，彼‘愿’做之活动亦将不同也。制驭方法之生长者，指有较大之能力以做所‘知’之活动，及较良之方法以达其所‘愿’。现在‘能’做以前不‘能’做之事也。因此余谓‘知’、‘能’、‘愿’三者为生长实现之途径。”

“可否请君举例以说明乎？”

“一儿初次钓鱼，因此经验而有所学得焉。及后行经溪流，彼‘知’钓鱼之可能，为以前所不‘知’或不能见到也。且此非空泛之理想而已，既有钓鱼之经验，彼‘知’小溪中可钓鱼，而浅滩中则不可。非特彼之见解不同，且感想亦不同。遇适当之时机，彼所‘愿’做之事亦将不同。由新见识而养成各种新态度与新好尚焉，且彼已养成一种技能。彼能做昔日之所不‘能’，‘能’支配钓饵垂钓矣。以今视昔，则彼已生长。于此事之经验中，已改造彼之生活矣。”

"诸君中有能总结今日之讨论者乎?"

结论

"吾人之讨论始于兴趣久暂之观念,而吾人知年龄愈长,兴趣亦愈能持久。其次吾人知兴趣加久之后,有各种变化之继起。最要者,因意识的注意之增加,步骤亦愈形复杂。各种兴趣渐加分化,有时理智的兴趣特别增进。再次吾人认生长为一良好之名词,以表示上述之变化。吾人觉生长与学习实词异而意同。由此引入教育之新定义,谓教育为继续生长之历程,为经验之继续改造,使其内容愈加富,且使学者制驭经验之能力愈增高也。然后吾人又涉及兴趣之广狭,而认教育应常在儿童兴趣范围之中。最后吾人论及生长之三途径,以'知'、'愿'、'能'三字概之。是否有生长,当问吾人较'知'应做之活动乎?将来有机会时,吾人'愿'做此活动乎?吾人'能'做此活动以达目的乎?"

第十三章
志愿的活动与完满的工作

志愿的活动

"'志愿'(purpose)一名词,吾侪闻之熟矣。顾一般新式教师又有所谓'志愿的活动'一语。其意义若何?其价值何在?"

"所谓志愿的活动者,其义甚明,乃活动之为志愿所贯彻,或受志愿之主持者也。"

"君意指任何活动,抑必须手工或筋肉的活动耶?"

"余意指任何活动之受志愿之主持者,固不必手工的活动,始可以有志愿也。"

"君言良然。例如吾人可志愿创作诗歌,即与手工无涉也。"

"然则有人专注重手工或筋肉的活动者,其故安在?"

"余诚不解。如君言,则志愿的活动不限于手工也。"

"幼稚之儿童,手工或筋肉的活动最频数,且亦最应奖励。此意君当不加否认?"

"此意余极赞同。即年龄稍长之儿童,筋肉元素(不限于手工)为任何有兴趣之活动所常具,但仍不得谓志愿的活动所必需耳。"

志愿之可取者何在

"志愿的活动可取者何在?吾人夙昔以为儿童能奉令承

教斯可矣,今乃不然耶?”

“此点已一再讨论,君当回忆吾侪所谈心的倾向与学习之关系。盖倾向与准备,实学习之关键也。”

“前数次讨论,余未克参与。然倾向与准备,固余所了解者。特不知志愿与倾向或准备,又有若何之关系?”

“志愿常含有‘对于一目的之心向’,亦含有意识的作用。志愿之决定,则又常须经相当之审择。而准备——选择的准备——则与心向相随属者也。”

“何谓选择的准备?”

“当发愿时,凡合于此志愿者,为吾人所准备,反是则否。此前所言心向之结果。何者为吾人所学习,即依此为准也。”

“君顷谓志愿含有意识的抉择,然则真正的志愿得毋为最幼之儿童所不能有乎?”

“然。但吾人苟以志愿即为强制之反,则虽最幼之儿童,亦当希望其在彼一生长之阶程中,如其力以自发其志愿也。”

“君希望儿童自发志愿,是否以志愿最有裨于学习?”

“然。”

“此指正学习,抑副学习与附学习亦皆有裨?”

“各种学习,均有裨也。”

“君之注重志愿,殆以随伴志愿而起之倾向与准备,为学习最适当之情境。斯言然否?”

“诚然诚然。此余注重志愿之主要原因也。在同样情境之下,志愿愈强固者,则学习亦愈强固。”

“尚有其他原因否?”

“有志愿能使学习成功。志愿愈强,排除困难而前进愈力,其成功之希望愈多。”

“君之注重志愿,以其有教育的价值,抑以其能使所事易于成功?"

"二者兼之。所事有益,则其成功亦有益。而成功又有极大之教育的价值焉。成功所引起之快感,乃学习中最重要之元素也。"

"成功能引起良好之附学习否?"

"能。成功能养成适于成功之诸理想与态度,即所谓附学习也。"

"君注重志愿,尚有其他原因否?"

志愿的活动与组织

"有。志愿使学习能有组织。所愿之目的既定,学习之所历各步即有指归。无意中各部分皆随目的为联络。其终则知某一步成功,某一步失败,成功者何,其因安在。此视散漫学习,其所得之知识必较有系统也。"

"此种组织,他处亦有用否?"

"有。在自然的情境(natural setting)上,所得组织的知识易有自然之联络。遇适当时,亦易于应用。旧教学法中最大弱点,在儿童所习之知识未有自然的情境,故不易感觉其与生活有何联络,亦无机会以应用其知识也。"

自然的情境

"自然的情境似一好名词,为君所创否?"

"否,余取诸查特斯(Charters)与史蒂文森(Stevenson)。"

"彼二氏不且舍君之志愿说,而用其自然情境说乎?"

"余意彼或然。"

"然君何犹斤斤于志愿之说?"

"良以此一观念,最能使人注意于学习之态度。夫学习为教育之元素,余所汲汲者,学习律之应用也。学者有志愿,斯有倾向与准备。有倾向与准备,斯成功有快感,而不成功即不快。快与不快乃良好学习所恃而成者也。"

"志愿与自然的情境有关系否?"

"寻常有之。凡一种工作之与自然情境隔离者，不易使从事者有志愿。此点后当再论及之。"

"志愿的活动之阶段如何？" 志愿的活动之阶段

"其阶段有四，曰：发愿、计划、施行、批评。"

"余愚不晓君所谓，愿举例以明之。"

"试想象一女儿于其母离家时，做炊以饷其父与客。女固常愿得一机会以己之力，手制佳肴，以供宾客者。今母既外出，则愈觉自由。非不爱母也，特己之责任乃愈专。方父以电话来告，云将挈新客马先生偕归就餐，心中诚不免惴惴。顾稍顷即矢愿尽心尽力，以准备馔食，必得父欢，且使母归闻之而亦喜也。此为发愿之一阶段。 发愿

"有此志愿，第二步乃计划其炊事。食品凡几种，餐台如何布置，食时之侍应若何？其平时在校所习家事科，乃为一可靠之指导。是为计划之二阶段。 计划

"第三步为施行。临时所需，必沽之市肆。燔肉则既具矣。若者宜烹调，若者宜盛器，一一备矣。席终事毕，而施行之一步完成。 施行

"最后批评。女儿且问，其所愿果成功否？客之见誉，乃由于客之情殷，非定评也。则又自问，曾一一如计划以完成否？是曰'专评'（specific judging）。设更进而自问，此番经验，所学习者何事？所错误者何事？后此应改进者何事？是曰'概括'（generalizing）。" 批评

"如是则批评一阶段，有两分段乎？"

"然。一曰专评，一曰概括。"

"每一志愿的活动必分此四阶段，各不相混乎？"

"否。儿童愈幼稚，工作愈简单，其阶段愈不能分析。然此四阶段在实际上或时间上，不必如是各各分明，而原则上则

无一不具也。”

“两个或两个以上之阶段，亦可同时进行否？”

“然。计划、施行与批评虽不同时进行，确常互相参合也。”

“各阶段之关系如何，其相互之影响如何？”

各阶段之关系

“是不难答。夫发愿为动机，为主脑。所发之志愿为全工作之原动力，欲达此志愿，必待计划，此二者之关系也。施行之于计划，犹计划之于志愿也。而施行又与志愿直接有关。施行之结果若何，与初愿相符否？如不符，则其咎在计划，抑在施行，则又必以原来志愿试验之，评判之也。”

“此四步互有密切关系，诚如君言矣。”

他人之帮助或代劳

“此四步中有一步或数步可由他人帮助或代劳乎？如有之，宜乎，不宜乎？”

“吾人常见年长者代年幼者担负此四步中之若干步，宜赞许之，抑否乎？”

“君等谓各步之进行可由他人代劳，果属何意？教师岂能代儿童发愿耶？”

“教师代儿童发愿，此习见之事也。儿童自发之志愿有几？学校内之工作，不几全由教师或其指导者代为志愿乎？”

“然则吾人应赞同之否？”

“在寻常学校之工作，应赞同之。”

“此办法良否？”

“此须视吾人对于前此讨论之原则究竟承受与否。如吾人确信志愿的活动，当然不欲见儿童之无与于发愿也。”

“君意志愿由何人发起，于学习上有分别乎？”

儿童自发之志愿

“然。此为全局之关键。如需有效的学习，则必有儿童自发之志愿。”

"但儿童决不能如成年人——父兄、教师——之能自审择。君意然否?"

"吾意此际先须分别'志愿'之两种不同的意义。君所问者,似指儿童发愿时,即自行'审择'而决定之,又似教师即承认儿童之决定也者。"

志愿之二意义

"此外君有何其他意义耶?"

"余既言之,志愿有二义。盖儿童之'为所愿为'与'愿所当为',乃大有别也。余所主张者,儿童应'愿所当为',然后全心全力以赴之。能如是,斯有倾向与准备,结果或快或不快,而学习方有效也。"

全心全力的承受

"如此,则不妨由教师之暗示,而志愿则由儿童自发之。"

"此言是矣。唯以上仅指儿童全心全力以承受教师之暗示,尚未涉及儿童自行发起,自行审择也。"

"此全心全力的承受,乃志愿之第二意义——愿所当为——耶?"

"然。"

"君乃不问志愿之第一意义——为所愿为,君乃不问儿童自己发起或审择其所为与否耶?"

"余何尝言不问?余最关心者,且有积极消极二方面。儿童自发志愿,有时须鼓励之,有时须阻止或教育之。"

发起与审择

"此意余竟不能解,请再申言之,可乎?"

"试回溯上述'为所愿为'与'愿所当为'之别,而取其第一义。假令儿童所愿为非,则余当阻止之,指导之,教育之。使知(一)其所愿为之事为非;(二)何故为非;(三)使悔悟其为非而不复有此愿。此与纵容任性,为所愿为者,固不同也。"

所愿为非

"是诚不同。但何人告以为是为非乎?"

"此教师之事,此亦所以需要教师之一原因。教师之任

教师之任务

务，在使儿童能自学习。良教师则能使儿童有最良好之学习。”

“君意尚未尽乎？”

“余意儿童如愿为非时，教师之仅能禁阻之，或惩罚之者，尚未为克尽其任务。”

“君意教师之任务，在教育儿童以助其生长乎？”

“然。教师必扩充儿童之眼光与识力，增进其态度与理想，务使其自‘知’与自‘愿’也。”

“君意禁阻或惩罚，非使儿童了解与发愿之好方法乎？”

“禁阻与惩罚虽有时可用，但平常总不能认为教育之好方法。”

所愿为是

“君已讨论儿童所愿为非之一点矣。如其所愿者为是，亦有说乎？”

“如其所愿者为是，则余唯祷祝其成功而已。”

“此何故？”

“余信练习与快感之故。如儿童自行审择者为是，余唯愿其常能守其是，冀其是之有成，而予以快感。此练习与效果之公律也。”

“君意使儿童‘练习为是而得快感’，‘练习为非而得不快感’，诚不易之公律矣。但君亦有所遗漏否？”

“遗漏者为何事？”

“儿童成长，终有离却教师之一日，则终须有自行判断是非之一日。则其所习，不能无所出入。使习为非时，必得教师之干涉，其所习似尚非最良好者也。”

判断之练习

“君言极是。此余所以主张儿童须有抉择之自由也。”

“自由，自由！儿童应有几多之自由耶？”

“儿童应得之自由，如其所能善用自由之量。”

"以何者为标准耶?"

"以生长为标准。如儿童能作更好之是非的判断,能有更好之行为,即为生长,即为善用其自由。反是,则为不能善用其自由。"

自由与其标准

"儿童不能于错误中学习耶?"

"能。唯总宜于眼前之活动中得到生长,此最紧要。"

"今再溯以前之讨论,君所倡导者,非'愿所当为'之一种志愿,因使学习更易有效耶?"

何以主张儿童自发的志愿

"然。此为余前此主张之原则。"

"如儿童能全心全力承受教师之暗示,则所谓'愿所当为'与志愿说亦无冲突。然否?"

"然。"

"今君是否进一步而主张儿童在教师指导之下,更练习自由的抉择?"

"是也。有良好之教师指导,练习自由抉择最易遂其生长。"

"君遂予儿童以能用之自由乎?"

"然。"

"君意所谓能用,即能有是非之抉择而遂其生长乎?"

"然。必以生长为标准。生长而畅遂,则自由为善用;反是则否。"

"此即君主张儿童练习抉择与决定之理由否?"

"余意抉择与决定之外,须加发起一名词。余希望儿童能对于自己之问题与需要。[1] 如教师之指示太多,恐将失却此

〔1〕 此处疑有缺漏。此句原意为:"我希望儿童练习在任何形势下都能观察到固有的问题和需要。"——编校者

种机会。此独创(initiative)之要义也。”

“吾侪夙谓独创力之有无，乃视各人之禀赋。君信无论何人，皆能发展一种独创力乎?”

“除最不幸之儿童外，任何儿童皆具相当之独创力。有正当之教育，即可发展之。”

教师之地位

“余尚有一问题，君亦信任教师否?”

“当然信任。依余之见地，较之旧说之见地，教师之需要乃愈殷。”

“君予教师以必要时命令或禁阻儿童之权否?”

“然。”

“君又欲教师予儿童以自由，然否?”

“然。但非无限制之自由，乃练习之自由，以能于练习中遂其生长为限。自由必以生长为标准。”

“君欲使儿童对于抉择或决定担负其适于生长之责任乎?”

“然。儿童非练习不能生长，此练习律之定理也。”

“教师有时可加入乎?”

“然。不但可加入，且必须加入。唯教师总宜帮助儿童使能自助，是亦练习律之定理也。”

“以上讨论，关于志愿一步，教师所能帮助或窒碍儿童生长之处，费时已多，而尚有其他三步，亦应历举之乎?”

“苟君等犹以上所讨论，未足包括全部者，则极应历举讨论也。”

“君意何所指?”

练习为四步所共同之需要

“余意其他三步与第一步同。吾人欲儿童练习计划，练习施行，练习批评，亦如吾人欲其练习发愿同。唯练习为真教育，而无自由则不能练习。故吾人又欲儿童有如其能善用之量之自由。一切以生长为标准。"

"如此,则四步均可包括于前述之讨论矣。"

教师应否供给计划

"吾对于计划,尚有一问题。君意教师应常供给儿童以计划否? 例如种麦,任儿童自行计划,所费之土壤、肥料、人工必多。科学所指示之计划,必远胜于儿童所自定之计划也。"

"如是,则君遂主张以教师所有之计划供给儿童耶?"

"然。"

"余意则仍视所求之目的。如目的在得麦,则供给儿童以最良之计划可也。如目的在教育儿童,使能思想与计划,则以任其自行计划为宜。"

"无论若何耗费,均不问乎?"

"此当权其轻得,耗费固亦有时不值得也。"

"科学所已发现之方法与材料,君当亦不愿弃置?"

"否,否。余希望儿童能向书籍中探究此丰富之材料。余希望其能自探究之,自取得之,自比较而自抉择之。"

"何也?"

"余深信唯练习与运用为真教育也。使儿童真能享有科学之知识,必先练习探究与应用科学于实际之问题也。"

"教师指导亦有需要否?"

"有,如顷所言,教师应助儿童之自助也。"

"然则君反对许多农业教师之给予儿童以家庭设计之详细指导乎?"

"余竭力反对之。"

"儿童绝对不应得专家之传授乎?"

"专家所授者,其总量甚多。然苟目的在教学,则仍当力避直接之授予,以妨碍儿童之练习也。"

"此外犹有其他理由否?"

"有,其一理由则计划之自定者,所负施行之责任为多也。"

"此又增加其全心全力之志愿,然否?"

"然。此可得更确定之倾向与更多之适当的反应,其结果则为更多之快或不快,因而正学习、副学习、附学习俱更良好也。"

教师助儿童自助

"如是则发愿、计划、施行、批评之四步,皆以儿童自动为佳。苟有困难,则由教师予以援助。君意然否?"

"然。"

"所予援助是否为期望儿童活动之成功?"

"不仅为所事之成功,而根本为儿童之学习。所以期望成功者,亦为学习之有效计耳。前既言之矣,失败阻挠学习而减少其效果,成功则鼓舞学习而增加其效果也。"

"教师最良好之援助,在使儿童之能自助,然否?"

"然。"

完满的工作

"余尝闻'完满的工作'一名词,是何意义?"

"完满的工作者,即儿童于活动之各步皆自行担负,自发愿,自计划,自施行而自批评者也。"

"然则完满之程度不有分别乎?"

"有之。"

"在寻常学校中,完满的工作实鲜。然否?"

"然。教师或儿童皆如是。教师所指示儿童之工作,亦他人所已经为教师计划者也。"

"君意殆指教师与儿童同受学程之束缚乎?"

"然。学程与考试法同为束缚。"

"君意此于教师与儿童均不宜乎?"

"此非数语所能答。至少可谓于教师与儿童均不幸也。"

“完满的工作，如君界说，仅为个人之活动。团体之活动亦得为完满之工作乎？”

团体之完满的工作

“此当然。如一团体于进行一种活动之各步时，全心全意，通力合作，即为一团体之完满的工作矣。”

“在寻常学校中，完满的工作既极少。有之，则于何可得乎？”

“于课外的活动，于休假日之活动得之。唯在新式学校，则日常课业中亦逐渐加增此种工作矣。”

“君对于此种学校之增加完满的活动，赞同之否？”

“余极赞同之，且希望其进步之速也。”

“今日之讨论，余既得其要领，如君更能作一简单之总结，尤感。”

总结

“吾侪所讨论者，为志愿的活动之各方面。志愿的活动，不限于手工或筋肉的动作。其价值在易致成功，在联络各步为一历程，在运用倾向与准备，而供给学习以适当之情境。志愿的活动有四阶段，曰发愿、计划、施行、批评。批评又含有专评与统括。此各阶段互相联络，然亦有时可同时进行。最良好之学习，学者能自力担任各阶段，而成为完满的工作。若儿童在某一阶段将失败时，则教师亦得起而救济之，盖失败能使学习沮丧而减少其效力也。但教师最良好之帮助仍在助儿童之自助耳。”

“君所三致意者，是否在儿童能多多担任完满的活动？”

“然。如欲教育儿童，此其最良之方法矣。”

第十四章

意义与思想

每一事物指引其他事物

“吾人注意之一物常能指引吾人，使回顾或前瞻，以及于他物。此当然否？”

“余不甚解君意。”

“例如此小刀使余追念及赠刀之人。刀口久钝，使余思及其亟须磨砺。刀上所镌文字使余念及英伦制刀之地。此椅属之吾父，彼花属之吾伯母。眼前事物无不指引其他事物者。”

意义

“此非即谓每一事物各有其意义乎？”

“‘意义’即指每一事物必指引其他事物否？”

“余意殆如此。”

众多意义

“每一事物有一意义或众多意义乎？”

“当然有众多意义。此物系竹制，其意义在来自远东，在用作手杖，在为余旅华之伯父所赠，在余伯父殷勤之眷注。”

“有时且可用为自卫之武器，君犹忆前次受窘于猛犬否？”

“然，余忆及之。”

“如是，每一事物确似含有众多意义者。”

“君意每一事物有众多不同之联络或关系，而予以意义乎？”

“然。”

"然则何者为'意义'之意义，可得而言否？"

"意义"之意义

"此似文字之纠缠。使答此问，而以事物之本名为其界说者，不悖于论理乎？"

"是不难。余且更易一问，'意义'一名词适合何种情境乎？"

"此更难答。但余意凡一事物能使人思想其他事物者，即有意义之存在与应用焉。"

"君意是否谓凡一事物使吾人思想或期望其他事物时，此其他事物即此事物之一部分意义？例如此椅使我念及吾制椅之祖父。'此'物使我念及'彼'物，'彼'为'此'之意义。此椅者，彼所制也。"

"故凡在意义中，必有一'此'与一'彼'，吾人思想中先有'此'以及于'彼'，而'彼'使'此'得以补充或完成焉。此说是否？"

"君言极是。"

"每一事物可有众多意义乎？"

"然。此视吾人对于某事物所有之经验几何。"

"余不甚了解。"

"同一牛乳瓶，自婴儿视之，乃食物也。自母视之，则为婴儿营养之饮料。如瓶不清洁，饮之有疾病之可能。乳为牛乳，必经卫生官之检验。婴儿所得之意义少，母所得之意义多。多至若干，视各人之经验以为断矣。"

"意义来自经验乎？"

意义来自经验

"当然。"

"此使我想及S→R之讨论。所谓'此'之事物，非即S(刺激)乎？由'此'以及'彼'而得相当之意义，非即R(反应)乎？"

意义与S→R

"余意正当如是解释。"

“意义为学习的乎?”

“然。意义必自经验中获得。凡学习之公律,于此皆适用之。”

“意义必由意识而后得乎?”

“不必有意识的目的,但吾人对于经验愈加思考,所得之意义即愈增多。”

“君谓意义为事物之所有乎?”

“君所问者,是否为意义之所在,在事物抑在人乎?”

“然。”

“此为一旧问题,亦常人所视为不可解答之谜。然余意则吾人已解答之矣。S为事物,而R为思想反应,反应之起即由于先有S→R联络之构成,有充分刺激,斯有相当之反应也。”

“意义于不应用时,又何在?”

“此有二答:第一,主要的在于神经系统中之S→R联络;第二,次要的在于刺激之事物。更确定言之,在S→R联络中,S已先有一联络之构成,而能引起R为其意义者。”

“刺激与反应亦可分离乎?”

“偶或可。例如埃及纪念表塔上楔形文字在罗塞塔石未发现与应用之前,其意义为人所不解者,历年甚久也。”

“君等所谈,令人厌倦。此意义之讨论有何益处?盍不实事求是,而反求诸常识乎?君等所谈之教育,太高深玄妙,奈余苦不能了解何?”

“谁谓意义无用。假令君竟不幸而失却所有之意义,将若之何?”

“君意何指?”

意义之用

“余意诸君如失却所有之意义,将茫然无所措手足。君将不能语言,不能饮食,不能举步。盖意义既全失,则稻粱与瓦砾何所别，坦途与荆棘何自分乎？实际上思想已等于零，亦无复可供思想之事物矣。”

“其危险有如是乎？”

“然。君与君之世界（即能思想之君与君所应用之世界）乃君经验中积累之意义所造成也。”

“如是则儿童教育乃循序渐进，以造成其自我与其世界乎？”

“然。”

“意义即造成自我与世界之质料乎？”

意义为观念之质料

“使儿童了解其自我与世界，又依据此了解以造成其自我，则此说是也。意义为吾人思想世界所由构成之材料，而其存在则为制驭自我与世界之工具。”

教育与意义

“教育家对于此点应注意否？”

“然。极应注意。今日教育所以有如是根本的变迁，吾人所以注意实际经验，而不以叙记事物之文字为已足，此亦其一因。实际经验乃意义所由造成也。”

“经验是否又为已经造成之意义之试验？”

“是也。然余意试验亦为构成意义之历程中一部分。实际经验为意义最丰富之来源，同时又为其最良好最有力之试验。”

经验与教育

“如君意则经验且胜于教育乎？”

“谁作是语者？经验何可与教育相对抗？盍不谓经验为最好之教师乎？”

“然则君不信任教师或学校，而以经验为已足乎？”

“又谁作是语者？经验何可与教学或学校对抗？盍不谓最良好之学校为能善用经验者乎？至若辅助选择最有教育价值之经验，与指导经验于最良之结果，则当然又必须有教师也。”

种族经验与教育

“种族经验之地位如何?”

“到处都有种族经验之地位。吾人一日生于此世,即一日托命于种族经验。其存在最周遍,最贯彻。有识之教师则能利用种族经验为选择可能的经验,与指导实际经验于最良之结果之根据焉。”

直接经验与间接经验

“君意将限制儿童于直接经验,而不容认替代经验乎?”

“君此问乃更中窾要。在学习历程中,吾人之直接经验有一种活泼确定之致,为替代经验之所无。所谓‘经验为最良之教师’即指此也。使活泼与确定即为学习之唯一要素,则吾人仅恃直接经验可已,顾尚有其他要素焉。直接经验有时甚艰辛,故太不经济。刀可戕生,砒为毒质,自高下坠可以致命,凡此吾人皆不愿儿童由直接经验以学习之。又直接经验费时太多。使不设法缩短其历程,则每人只能重演其种族之经验,而文化将无由进步。故直接经验与间接经验之应如何配合,至少视此三元素与在每一事项中,此三元素之交互影响而定。”

“何者为君所云三元素?”

“一、学习之活泼与确定;二、劳力之代价;三、时间之代价。经验愈直接,学习愈活泼而确定,但费时费力亦愈多也。”

“间接经验如须融会,亦至少有一最小限之直接经验之必要。此说然否?”

“然。如儿童从未见过斑马,而余欲使其得一斑马之观念,则可告以似一有斑纹之骡。使儿童并骡未见过,则当更拟骡于马。然儿童所得斑马之观念视前亦更不确定矣。如此类推,凡离直接经验愈远者,所得之观念愈不清楚也。”

“因此,君主张儿童教育应竭力设法使有多种之直接经验乎?”

"余确如此主张，余极望儿童对于事物有许多具体的经验，因以引起其对于事物有更多之明确的思想。"

"年龄稍长之儿童，其教育如何？"

意义与直接经验

"无论何时何地，凡教育必注重于引起意义之经验。经验经适当之选择与指导，而意义愈丰富，愈有组织。吾人所欲者，更多更好与更有组织之意义是也。"

"君能以此为教育之定义乎？"

"在理知的方面，上述可为教育之定义。"

意义与思想

"意义与思想有若何关系？其关系亦密切否？"

"有。其关系之密切，如羽翼之与飞翔然。"

"此何意？"

"余意意义之适当动作为思想，正如羽翼之适当动作为飞翔也。"

"意义是否为吾人所用以思想之材料？"

"此上文之另一说法而已。"

"意义为一种组织，而思想为此组织之机能。此意君谓然否？"

"此亦即上所述之意也。"

思想之本质

"思想之本质为何？"

"在实际上，思想即为前所云之由'此'以及'彼'，由'此'以期'彼'。吾人见云而知雨，所见者云，而思想不止于云，由云以期望及雨，则思想也。"

"则是思想之本质为推测将来乎？"

"然。思想之实际的本质为将来之推测。"

思想为一种探险

"此所以有人谓思想为一种探险乎？"

"然。思想之实际的本质，在向着未定之将来之探险。"

"将来之说，则有然矣。顾何以谓之'探险'与'未定'？夫意义既确切不移,复有何'未定'? 例如此椅为余所常坐,而觉其安舒。余所期望者固极确定,则何谓向着'未定'探险乎?"

"所谓未定与探险,有其极宽之限度焉。即如所坐之椅最确定矣,然有时亦可倾倒。自未定(以U代之)以至全定(以C代之),其间差等试以一尺度代之。任何事项之思想皆在此尺度之上。吾人之愿望则在超于U以渐进于C也。"

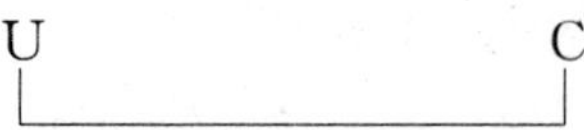

"思想渐进于C,即为其可靠性之增加乎?"

"然。"

"君所说之思想,为能指示对于某事项之期望者乎?"

"然。"

"在复杂之世界中,恃个人有限之能力以为期望,则其结果当然多少不能确定。"

"然。"

"因此君遂谓思想为向着未定之将来之探险乎?"

"然。"

增加思想之可靠性

"欲增加思想之可靠性,亦有法否?"

"有。"

"君假定'形式陶冶'(formal discipline)乎?"

"否,余未尝作此假定。使吾人凡事能有一'思索'之习惯,则吾人之判断即增加其可靠之度。此外尚有考察情境、搜集事实、试验假定等习惯,亦皆可增进思想正确之程度者也。"

"君意此诸习惯既养成,个人思想既增进,则于任何事项之思想皆适用乎?"

"余未尝作是言。吾人之能力既有限,则只能于一有限之经验范围内,养成若干有用之习惯。此既成之习惯遇新情境时，亦仅于其共同之元素为能移用也。”

“君所谓移用，是否指在新情境内应用旧成之思想习惯？”

“然。”

“人在一范围内既已熟习，则其在此范围内之思想亦增加其正确性乎？”

“然。彼于此范围内已往的思想既积累若干结果，汰其不良者而留其良者。此所积累，乃思想之曾经经验之试验者也。”

“如君言，则吾人增进思想之可靠性，半由积累已往思想试验之结果，半由养成良好之思想习惯。然否？”

“然。”

文字传达思想否

“余常闻一有趣之辩论，即文字是否能传达思想。对此问题，君意如何？”

“余不见有可辩论者在。文字当然能传达思想，否则吾人何从以语言达意乎？”

“此正是问题——吾人如何以语言达意？当吾人以语言达意时，究有何种作用？”

“此有何疑难，以语言达意，则径以文字相告语可已。”

“君试为之。君且择一种颜色，为君所知而余所不知者，试告我以颜色之何似。”

“唯君知一种颜色，名 gamboge[1] 否？”

“否。余不知。试为我言之。”

“余不审能否使君恰得此深浅之色调。然姑试言之，则此乃一种黄色而酷近深棕色者也。”

“君言是矣。君谓‘不审能否使君恰得此深浅之色调’，乃

[1] 即橙黄色。——编校者

续告余'一种黄色而酷近深棕色'。君盖欲运用吾二人所共有之意义(黄与棕)以示余以一新意义也。"

"然。但此乃我所告语,至简单至直截也。"

文字刺激思想

"君何尝直接有所告语,君何尝试为直接的告语?君未尝语我以 gamboge,却委曲其辞,而言及黄与棕。君乃未尝传达己之思想,而仅刺激我之思想。君语黄,意我必有黄之思想,又语'酷近棕色',意我必向着 gamboge 之方向而思想。得毋然否?"

"君乃深文曲解如此。"

"余何曾深文曲解。余所辨析实大有益于文章与句读之学。"

"然则君再申言之。"

"今假定手持钓竿出游,远见一蛙,意蛙必能跳,而欲见其跳,则如何始能达余之意义乎?"

"此问羌无意义。君之于蛙,有何意可达?以竿触之,则蛙必跃起矣。此为一 S→R 联结问题,刺激之则跳者,以其本性中已有此 S→R 之联结。与前所谈之 gamboge 问题无与也。"

"余意二者实同。试再设一例。今有演说者,欲听众对于某事项有相当之思想与情感,则必择其文辞,审其音调与姿势,以刺激听众之思想与情感焉。方其为之也,彼之思想时则及于室内之温度,户外之喧声,听者之注意与否、厌倦与否,则彼亦何尝仅达其自己之思想乎?"

"君所问者,殆'传达'一词之当否耳。"

刺激思想与传达思想

"余正作此问。普通语言上谓之曰'传达'思想。在心理上实乃'刺激'思想,乃应用符号以唤起意义也。"

"语者与听者必了解共同之符号,而系以共同之意义乎?"

“是矣。此即所谓语言也。”

“然演说者不仅用文字而已。彼之一颦一笑一胁肩一举手，皆为符号而有其意义焉。”

“是也。此一颦一笑一胁肩一举手者，亦语言之一种，在心理上亦证明前所谓思想不能直接传达之说也。语者之所用为 S，而听者之所得则为 R 也。”

“此与句读有何关系？”

“余所谓句读，亦因用点用逗，而读者更能得我之思想耳，非如学究之斤斤于文法之规律也。”

“此即君所认句读之成功之标准乎？”

“然。”

“君谓此观念有益于句读之成功否？”

“然。此观念能使应用文字者省却许多无意义之成例。”

“与文章又有若何关系？思想之刺激而非传达说，又有补于文章之成功乎？”

“然。如作者能知己之所务在刺激读者之思想，则得一文章之成功之标准矣。”

“有人谓文字可以隐晦思想，与君说亦有关系否？”

“有。如吾人以为思想可以直接传达，则自述其意即可，其思想为文字所隐晦者，盖甚多也。如吾人以文字之用在刺激他人之思想，则稍有隐晦即不可。必先问余所用之文字，能引起听者或读者若何之思想，一再试验，必得适当之文字以引起适当之反应而后已也。”

“今日之讨论，余非常获益。愿更概括述其要旨。”

总结

“吾侪所讨论者，有意义与思想两大端。此事物之意义，为其所指引之‘彼’事物。由‘此’达‘彼’之历程为思想。故思想者，意义之动作也。由此吾人可知教育之要务，在使儿童多得正确之意义,以为思想之基础。又思想在实际上为对于一种情境之推测。故或者又谓为对于未定之将来之探险。由此吾人可知教育之要务,在发展若干思想的规律,在积累某一范围内以前成功之思想,因以增进思想之可靠性。”

“此观念之一应用,为文字传达思想之讨论。在心理上,吾人认为文字不能直接传达思想,至多只为一种符号以刺激听者或读者之思想。由此吾人又得此句读与文章之一实用的标准。”

“余今乃知教育之意义,有为余曩所未之思者。”

“余亦云然。而余尤欣喜也。”

第十五章
思想之全程

“君犹忆前次讨论，何者为思想之本质乎？”

思想之本质

“余忆及之。思想之本质，在吾人由眼前事物以推考其意义之一种注意。”

“请先容余再设一问，何谓本质？”

“此为一旧名词，此际所谓思想之本质，谓删去繁冗，力求简约，而得之最简单最低限之思想也。”

“余所记忆，则前此吾侪亦未尝讨论思想自身之本质，仅及实际的思想之本质而已。”

“然。余以思想一词意义繁复，恐滋误解，故以实际的思想为限也。”

“余前者未克参与讨论，君等能更告我以何者为实际的思想之本质否？”

思想为对于未知之探险

“实际的思想之本质，在由一种情境以期望或推度其他情境。婴儿之哭为一情境，由此而推度其寒而加衣则为思想矣。此种思想，其本质上为对于将来之推测，向着未知之探险。”

“余不甚明了。”

“婴儿之哭为一情境。余对此情境而加思考，则知儿寒而欲加衣。儿之寒否，加衣即能应付此情境而止其哭与否，在我全为暗中之探索与假说。此假说必应用之，试验之，如儿之哭由于寒，则加衣当可适应此情境也。”

“余滋惑矣。君谓‘将来’，而又谓‘儿寒’，既知其寒而为之加衣，则所谓将来者更确定，而探险之意亦更明了矣。”

“君言固极是。儿寒之一事，其行为含有‘将来’之分子也。”

“此即君主张用‘实际的思想之本质’一名词之一理由乎？”

“然。余所谓实际的思想，乃指关于实际事务之一种思想。以此儿为例，何以言儿寒，则以言‘儿寒’为考察情境决定行为之第一步。儿哭为所须应付之情境。如何应付，乃此思想之全程。应付之行为在将来，应付之成功与否不可知，则思想为向着未定之将来之探险也。”

“君殆讨论杜威所谓‘思想之全程’（complete act of thought）矣。”

“然。”

“‘思想之全程’，余闻之熟矣。顾何以见其重要？”

“近数十年来最有影响之教育学说，此居其一，自此说既创，美国教育即因之改造焉。”

“吾侪曷不一研究之？余亦尝试一次，而全班未得其要领。余知其重要而终觉未能彻底了解也。”

“吾侪诚当一研究之。”

“余极愿与君等共同讨论此学说，然真欲有所得，则非十分注意不可也。”

“准备矣，可开始矣。”

思想之全程

“第一当知今所讨论非任何思想或一切思想，乃思想之全程。”

“此指一极复杂之思想历程乎?”

“不必复杂,但必含有全程之各步。此各步为何,稍顷即当剖析也。”

“请先提一预备的观念。”

思想为预测

“唯请记二事。第一,实际的思想循实际的意义以进行。此目前呈现之情境指引所须期望之他情境。黑云如墨,指引大雨之将至,其一例也。”

“此推测遂无误,大雨遂必至乎?”

“否,推测易有错误。此余前此所以谓思想为探险,为暗中之求索,为将来之推测,为尚待证实之假说。”

“君谓应记二事,其第二事为何?”

可靠的思想

“第二事从不定中来。吾人必须探险,则第二点即如何使探求之能真实可靠也。”

“此何故?”

“此即由于现在之情境与将来之情境也。吾人所欲者为正当之应付。如雨至,则宜入室。雨不至,则可继续散步。此尚系现在之事,而吾人又关心于将来。使吾人能借助于今兹之例,从而得知何种为雨云,何种为非雨云,则后此将益能为正当之应付。为现在计,吾人可应用一切过去之经验,以得正确之判断。为将来计,则吾人又当试验今兹之判断,而知其何者为正确,何者为不正确,庶后此又可据现在之经验,而得更良好之判断。”

“君言太多,使人意乱。”

“君所问者,为思想之全程。简单之思想,为将来之推测;完全之思想,则遵循必要之各步而使推测之更可靠也。”

“此各步为何?”

引起思想之情境

“请逐步言之。为问思想之引起,由于何种之情境耶?儿哭矣，将如何应付之？此情境要求一种行为，而无现成之反应。此际所当注意者二点，一则行为之动机，一则适当反应之缺乏也。”

“此缺乏即杜威所谓‘疑难’，而为思想之起因乎？”

疑难不必有驱迫力

“此缺乏即杜威所谓‘疑难’，而余意疑难不必驱迫吾人之行为也。”

“疑难至少驱迫吾人之思想。”

“余谓不然。疑难自身并无驱迫之力。思想之动机，由于行为之动机。吾人思想，由于疑难当前，欲求解决。机体之反应，尚未决定，故不得不思想。余谓疑难者，乃行为型(behavior pattern)之缺乏。思想之机遇，而非其起因也。”

“君谓此系一步或二步？”

“余谓此乃思想之首二步：一则行为之冲动；二则疑难之当前，而适当反应之缺乏也。”

“何者为第三步？”

考察情境

“试问儿哭时每将何为？彼将详察哭声之何若，致哭之何由，而谋应付之方法。抽象言之，第三步为考察情境，缩小思想之任务，确定问题之所在，以便解决问题之适当假说易于引起也。”

“此一步有时须长久之时间乎？”

“然。然有时即一二分钟亦已足，其间有各种不同之度也。”

“第四步为假设之引起乎？”

假说

“然。理论上谓之假说，实际上谓之行为型之暗示，无论以心理言，以论理言，二者实同。”

“试验假说为第五步否？”

推演含义

“试验可分二步。第五步为推演假说之含义

(implication),第六步为实际试验其含义。”

“此余所不解,余自信思想时未尝作此第五与第六二步。杜威或为之,余未尝也。”

“是何言？君乃为之而不自知耳。且问此儿之哭与其母。儿寒乎,有所苦乎,母不知也。则谛听儿之哭声与细察儿之动作,然后暂时得到儿寒之结论。此谛听与细察为第三步,此暂时之结论为第四步。今更推阐此结论之含义,则自计曰:‘儿如寒乎,多加一衣,则数分钟内必可温暖也。’此‘如’云‘则’云者,以暂时之结论为假说,而应用之于事实。所谓推演假说之含义也。使儿果寒,则加衣取暖,为实际的含义也。”

“君谓取所得之假说,而问其所应期望之事实,为推演含义乎?”

“然。”

“第六步则试验所期望者为正确与否乎?”

“然。”

“如何试验?”

“假说所当为者为之,以观其疑难之解决与否。如含义所示之期望而能实现,则此假说似可认为正确也。” 试验含义

“君能复举例以明之否?”

“当海王星之未发现也,最外之天王星常轶出其轨道。此何故也(思想历程之第二步)？详密之观察(第三步)显示更多之事实。一般天文学者乃创一新说(第四步),以为于天王星外离太阳更远之处,尚有一行星,常吸引天王星使出常轨。从而推算能吸引天王星之距离,而假定此星之所在(第五步)。使其推算为不谬,则当有新行星之探见。于是探求复探求(第六步),而果得一大行星焉,名之曰海王星。后此关于此二行星再为精密之推算(第五、第六两步复出),证明结论之正确。

天王星出轨之问题予以解决。而前此假设之行星，遂为固定之事实矣。”

“倘为儿加衣，而不能止其哭，则如何？”

“则母必试其他之解释（第四步），演绎其含义（第五步），试验之于事实（第六步），而观其结果。如是而儿止其哭，则儿之哭非为寒，乃为其他之原因，似可证明矣。”

不全之思想

“君意此儿之母，必循此各步而思想耶？则余不能信。余意此儿之母，亦与其他为母者同，其闻儿哭也，将不暇思想，但为种种之尝试，至儿止其哭而后已，如是而已。”

“欲答君问，盖有数点。第一，余之重视其母也甚于君。余所识之母，于与其儿有关系之问题，随时随处均能思想。今之为母者，视向之为母者，其思想且愈勤。第二，余因未尝言其必思想，余所言者，凡有思想，则必具此各步之历程也。”

“君意此各步必先后相属，有一定之次第乎？”

“否。杜威固言思想历程之各步，非时间的顺序也。”

论理的顺序，非时间的顺序

“余谓儿哭而母止其哭，其经过如次。见初哭时，母必揣度其寒而唤其姊为之加衣。如儿即不哭，则已。此不得谓有思想之全程也。如儿哭不止，则必再加思索，竭其智力，以为种种之尝试，其间必具思想之各步可知也。如是而儿哭犹不止，则必延医者至，从专业上复演思想之各步焉。儿哭犹不止，则更延高深之专家，从科学所已发明之工具复演彼思想之各步焉。”

“君意即此同样之各步层层复演乎？”

“然。唯每次辄增加意识的作用。最初略无意识的思想，故各步亦简略而混淆。意识愈增加，则各步亦愈明显也。”

“余曾闻老农言：‘此非树狸，因彼非树狸之迹也。’此属思想历程之何步？”

“此为第五、第六二步之撮合，其四步(此为树狸)之假说，则经否认者也。”

“君谓凡有思想，苟加分析，则必具此六步乎？”

“余意如此。”

“关于儿哭之问题，余尚欲有所质难。余承认当初哭时，母之疑难为实际的，即如何可止其哭。其母之问题，初非哭之原因，而为儿寒儿病之应付方法。君前此似假定其母于发现原因之后，即知应付方法也者，余意以为未是也。”

“余亦了解君之困难。余实假定如儿哭之原因为寒，则母必知应付之法。使儿哭而非为寒也，则问题当然别有所在。而此时实际情境已包含有两个问题，一则儿所哭者为何，一则解救之法何在是也。每个问题仍照上述六步而解答之焉可也。”

最后证明之难求

“君前者不言解答之证明正确，而仅言‘似可认为正确’，‘似可证明’，若故持谨慎者，然耶？”

“然。吾人智在谨慎，盖最后的完全的证明至难求也。”

“余不作如是观。如解答而可以济事，则既证明矣，复何最后之证明之可求乎？”

“在某种事项上，假如有二三个解答同可以济事者，则如之何？‘露自天降’之一假设，其得人承认者历多年。露不见于树林或他种荫覆之下，亦不见于云雾蔽空之时，则谓其自天下降，于实际事实无不济也。然后此而此假设所不能适用之事实发现焉，终则另一假设之尚可说明现在所知之事实者，因以成立焉。”

“君谓‘尚可’谓‘现在所知之事实’，何谨慎乃尔？”

“现在之思想，任何时可受将来之摧撼，是不可不谨慎也。”

杜威分析之影响

"君前谓杜威之思想分析极有影响于美国教育,余不欲妄持异议。顾如君以上所说,亦何尝有大影响于教育耶?"

"君亦知数年前,各师范学校多奉赫尔巴特氏'教授之形式阶段'为教学法之圭臬否?"

"余习闻之。"

"君亦知今日五段教学法已失其势力,而由问题教学法起而代之否?"

"余审知之。"

"君知之愈审,则愈信杜威思想分析之有影响。盖此教学法之变迁,即受此分析与其联带学说之影响也。"

"问题教学法固归功于杜威思想分析之学说矣。设计教学法亦有关系乎?"

"设计教学法亦受此学说与其联带哲学之影响也。"

思想全程之各步

"余仍不解思想历程与教学有若是重大之关系,问题教学何以优于五段教学,烦君再为我详释之。"

"余姑先将思想全程之各步列举如下,然后再言其在学习上之应用:

一、一种情境刺激一项行为之动机。

儿之哭激动母思有以慰解之。天王星之轶轨激动天文家思有以说明之。

二、困难当前,无现成可用之适当反应。

母不知如何可以慰解儿之哭。天文家不知如何可以说明天王星之行动。

三、检查情境,确定困难之所在。

母谛听儿之哭声,细察其动作。天文家测量天王星出轨之距离,推究其所受吸引之原因。与可能的解答有关之一切事实,此时均注意之。

四、假设解答或行为型。

儿之哭，由于寒或病。天王星之出轨由于受距太阳更远之一行星之吸引。

五、抽绎假说之含义。

如儿之哭由于寒，则加衣可止其哭。如天王星之出轨由于另一行星之吸引，则于空中应发现此行星。

六、实际试验以视假说之当否。

加衣后儿不哭否？应发现之行星能探见否？

七、根据试验，采定假说为结论。

问题为思想历程之向导

由第二步引至第三步，而问题乃发生。自问题发生，而思想全程胥受问题之向导。在第三步中，问题似经意识的检查而确定矣，然疑难当前而亟待解决，仍为其思想之导引。母以急于慰儿故，乃熟察儿之所苦而殚竭其所能知以谋救济。其时鉴定困难与尝试解答，一视问题之何若。于是搜剔事实，若者有关系，若者无关系。其尤有关系者，则尤考查之。此时全情境之应付，一以问题为依归。至舍去无关系之事实而采取其有关系者，则又以问题为选择与组织事实之中心也。"

"君意在第三步中，凡为问题与其解答，而检查与组织全部情境时，皆以问题为其向导，然否？"

"然。"

"君亦能举一教学问题为例否？"

一地理上之问题

"例如问题为纽约初本小于费拉德尔菲亚[1]，何以遂为美国城市之冠？研究此问题时，学生应搜考许多事实，如费城何时大于纽约，其时优于纽约者何在，纽约何时超越费城，今兹纽约之胜于费城者何在。方确定问题之时，即豫为说明此

[1] 费拉德尔菲亚(Philadelphia)即费城。——编校者

变迁之计。其所涉材料至夥,与问题无关系者舍之,有关系者存之。其事实之组织,悉视其与问题之关系为何。换言之,即以问题为向导也。"

"君言是矣。但其余各步何如?"

"在第四步中,问题之影响尤显。所谓假说,乃对于有关系的事实之一看法,而可期其解决困难者。则是假说之起,乃事实之一有用的组织而已。在纽约-费城问题中,如谓纽约视费城有较良之海港,则即时将港口与商业以至城市发展相联络;如谓纽约近伊利运河,则即时将伊利运河之横贯东西,沟通商业与纽约商业之繁盛相联络。总之,任何假设包含许多与问题有关之事实,与有裨于解答问题之事实之组织也。"

问题之选择与组织

"如是,则在第四步中,问题之为用亦在选择与组织事实矣。"

"然。问题之用如此,如此而问题乃指导思想于选择与组织事实之途。"

"其第五、第六步如何?"

"问题之为用仍与前同。推演含义(第五步)者,乃寻求与问题解答有关之含义。而试验含义(第六步)者,乃实证其与问题解答果有关否也。"

"信如是,问题在各步之中,均有选择与组织之用。此诚一有趣之点。"

结果之经验的组织

"此全部历程之结果如何组织乎?"

"第一,采定之解答为与情境有关之一切事实之一组织,为正负两方均已兼顾之一看法。如吾人断定纽约所以胜过费城之原因时,吾人已将许多历史、地理、经济的材料溯因求果,而整理排列矣。其次,即在搜寻圆满之解答与摈弃不圆满之假说时,每一假说亦皆有裨于事实之组织,盖摈弃必先有理由，非有所摈弃，不能见圆满之解答之何在也。又其次，即在确定问题，尝试假说，推演含义与试验含义时，亦每步均为对于问题所关之材料施行意识的批评的考量。其消极的（与问题无关的）假说与积极的解决，同有益于事实之组织也甚明。盖不如此，则正确的结论不可得也。"

兴趣之力

"君前所谓行为之动机与此讨论有关系否？"

"有。热情愈坚强，探究问题之兴趣愈浓厚，相关的神经元之准备愈充分。因此努力愈奋，思想愈多，其成功之结果愈有快感，而失败亦愈增不快之感。总之，凡倾向与准备各公律，皆因热情之冲动而益神其效用，其所得之结果亦益佳，且益能记忆也。"

谁之问题，教师之问题，抑学生之问题

"在学生之问题学习中，所解答之问题为教师之问题，抑学生之问题欤？亦有分别否？"

"吾侪以前所讨论已明答之矣。"

"君殆指学生之学习必有学生自发之活动，故所欲学生解答者，亦其自发之问题耶？"

"然。学生对于问题感觉愈切，求答愈殷，则倾向与准备、快感与不快感愈能充分助其成功与学习也。"

"吾侪所言心向与学习之各原则，此际似皆适用。"

"然。"

"即所谓完满的工作与志愿的活动亦同样适用。"

"君言是也。凡前所讨论，与此皆互相发明，其关于意义、思想与问题解答之部分，与此尤互相印证也。"

"在完满的工作之讨论中，吾侪已再三说明，父兄或教师于非必要时，代儿童担负其工作之任何一步，殊有危害。彼时结论，于此亦适用否？"

儿童应以自力进行各步

"然，完全适用之。儿童应以自力进行各步。遇有艰阻，则教师参加之,以救其失败。然即此亦仍以助儿童自助为最宜也。”

“今兹所讨论之问题,似以个人的为限。亦有团体的问题否?”

团体问题

“有。余并希望除幼龄儿童外,大部分工作皆为团体问题也。”

“一大问题可否分为数小部分,而任每一小团体担负其一部分?”

“可。唯小团体应报告于全团体,庶于终结时,各人对于全部问题均曾思考一遍。”

“君意地理可全以问题教学否?”

“余意以为可以问题及志愿的活动教学之。抑人生乃整个而非片段的,是否应截断成为个别之学科,颇属疑问。人生既从无单独提示地理之时,则地理或不应当作单独之学科教学也。”

“此问题今日似已无余时可详细讨论。”

“然。但后此仍必须提出也。”

总结

“今日之讨论殊为复杂,余所了解者,诚恐或有阙漏。幸君总括言之。”

“吾侪所讨论为思想之全程。寻常实际的思想为从目前之情境以推考而期望其他之情境。此非先已构成情境之意义不为功。此种思想既为将来之预测,则不免或有错误。思想之全程者,一完全论理的历程,谨慎而遵循之,则思想得增加其可靠之度者也。论理的思想起于行为之有困难,而习用的意义之不适用。故必努力思想,而后能得圆满之意义,或行为之计划。欲思想之可靠,则当先求最良之假设而试验之。而欲得最良之假设,又必先检查与确定困难之所在。欲试验其假设，则又必抽绎其含义而验之于实际。含义既尽可征验，而此假设始可认为最良之结论焉。

"缜密之思想必具此论理的各步。然亦非截然可分而秩然不淆也，更非按步经过一度，即困难必可解决也。一度思想而不得解决，常须反复循此同样之历程以求之。次数愈多，而程序亦愈缜密也。

问题解答之价值

"其在教育上问题之应用日繁，半以其能利用适合学习之条件，半以其能组织学者所注意之事实也。曷谓能利用适合学习之条件？则依心理上之原理，问题所激起之冲动能予学者以适当的倾向与准备，且能引起其特殊之努力。而此三者，皆适合学习之条件也。

"曷谓能组织学者所注意之事实？则以问题之驱迫与确切能引导思想，以选择与问题有关之材料，且联络此材料之意义。其终所得之解决固为有益，即其全部材料之选汰抉择亦极有价值也。至若假设之或取或弃，快与不快之感随之，则此组织之记忆又因而牢固。又若问题起于实际，则解答之后遇将来相关之机会，亦愈能应用也。"

"君以思想为人生制驭环境一种最有力之工具否？"

"然。"

"于解答学者所自己感觉之问题而外，尚有更好之方法能增加思想之效力否？"

"余不知之。"

"此即今日讨论之结穴否？"

"余谓是矣。"

第十六章
教育何故变迁

教育上之变迁

“余谓教育之变迁，至今日而尤急，君谓余说不谬否？”

“君说极是。”

“君意严正之历史家，能供余说之佐证乎？”

“余信其能之，即余亦能征引许多专家之说，为君张目也。”

“教育之变迁则如何？学生数增加矣，学校建筑改良矣。然其教学是否必胜于从前，余犹未敢信。”

“据最可靠之调查，就同样之教材言，则今日之教学确已胜于75年前之教学矣。”

课程之变迁

“课程上亦有变迁否？”

“有大变迁。唯此变迁不在学科之名称，而在其内容耳。”

“君意指今日之地理，已非昔日之所谓地理乎？”

“然。实际上各学科之内容，皆已经重大之变迁矣。”

“算术亦有变迁否？”

“有之。其变迁甚大，且尚有更多之变迁在后也。”

“学科之内容何为而变迁？”

“其原因颇多。综括言之，则现代文化要求更充实丰富之内容。而吾人对于学科问题，亦渐脱离成训与旧习，而为更合理之考查也。”

目的之变迁

“君意教材之变迁，甚于目的或方法之变迁乎？余则谓今日之教师，对于教育之目的，已与前人有不同之见解，故其所用之方法亦不同也。”

“目的亦变迁乎？余所教者为代数几何，余不觉已之目的与余师之目的有何异点也。”

“有一种科任教师，诚较他人之感觉此问题为迟。特别如几何，其内容比较的固定也。”

“然余仍不解目的如何变迁。君乃未答余问。”

“往时教师于课本以外，鲜有问及教学之他种目的者，而课本则又受成训之拘束。如儿童能记诵课本之内容，遵守相当之秩序，则教师为已尽其天职矣。今则不然。多数有识之教师视公众问题与社会潮流至觉关切。其所反省者，乃如何教育儿童，方克应此时代之要求也。”

“君所谓‘公众问题’，得毋指移民政策、劳资问题、关税问题等耶？”

“然。”

聚讼之问题

“但此种纷纭聚讼之问题，当非学校之所能应付。使吾人欲教儿童以上述问题之解答，则君试思之，其困难为何如耶？”

“余不主教儿童以此类问题之解答，但余深信吾人必将此类问题介绍于年龄较长之儿童，使有相当之了解与更深切之感觉也。”

教儿童而非教学科

“君顷言‘教儿童’，此一语得毋即为新旧教育分界之标识。旧教育中，所教者学科；新教育中，则所教者儿童也。君谓然否？”

“此言固当，然使儿童不学，则又何从施教？故‘教儿童’者，含有儿童自学之意焉。新教育中，所教者儿童为先，而注意其生长；教材为后，而注意其学习。在旧教育中，则适相反也。”

“然则君谓今日最良之教育，与昔日最良之教育，较其目的、其内容、其方法，均不同乎？”

“然。余信此不同之点，与今日之教育家有大关系也。”

变迁之原因

“何以有此不同之点？其原因为何？”

“此为一大问题，余踌躇不敢遽答。”

“余望君能答之，吾侪愿加以讨论。君意何者为此变迁之主要动因乎？”

“科学。”

“此殊出余意外。吾意君必谓工业或发明矣。”

科学与发明创制

“否，余不谓是也。盖现世工业之基础在发明创制。而发明创制之基础又在科学。此举目前蒸汽、电气、化学诸工业之例，即可了然者也。”

“然吾人生活实受此发明创制之影响而随之变迁，是否？”

“是也。美为新邦，不数年前犹营农村或边疆之生活。明乎此，则变迁之巨，愈可惊也。”

“生活之变迁已无可疑，即余生所见，亦已甚夥。然与教育若学校，有何关系乎？”

“其关系在教育之各方面均有之。”

“请勿笼统，试分析言之。”

教育机关不仅学校

“儿童之教育，不仅得之学校也，同时亦得之家庭、教宗[1]、邻里与一般生活焉。综合以观，则旧时‘红墙小屋之校舍’，在吾侪祖先之教育中，其影响转较他机关为小也。”

“此何故？”

---

〔1〕即教会。——编校者

“彼时多数人民每年就学不过数月，而终身就学不过数年。更有许多开拓边疆之男子若妇人，并此最小限之学校教育而无之也。”

“彼等之教育，原极有限。直言之，吾侪祖先，亦粗糙之徒耳。”

边疆教育

“谓为粗糙，未为公允也。彼等有品格，而其品格视其不粗糙之后裔且坚定而高尚焉。其开辟草莱也，不仅有勇，且多智谋焉。其生活至艰困，然健全诚实，富有精神焉。故余不认彼等为缺乏教育。即如林肯，何尝非君所谓粗糙之人，然其所得之教育胜于今日安舒生活中多数人之教育万万也。”

林肯其一例

“林肯其例外耳。彼于文学真能欣赏。否则亦不能有如彼雄伟之文辞也。”

“林肯之文辞岂能代表其人格之万一。盖即无其葛抵堡之演说(*Gettysburg speech*)[1]与第二次就任总统之宣言[2]，吾人亦当尊之为有良好之教育者也。”

“君指林肯有极宽厚之心胸与极严毅之品节耶？”

“余意指此，而犹不止此。彼之教育不在徒具雅炼生活之皮毛而已。彼了解生活，了解人民，了解其时代之重大问题。明辨深思，真知灼见，而又笃信而力行之。彼具一时代所需之人格。时代无论有何要求，彼能起而应之。”

“此即君所谓教育否？”

“具此诸德，始为教育。而林肯则备具之焉。”

“吾侪所言，似离题已远。吾侪初问者，厥为祖先有无教育之一问题。”

---

〔1〕 今译《葛底斯堡演说》。——编校者

〔2〕 今译《第二次就职宣言》。——编校者

"此即彼问题之答案,而举林肯以示旧教育之所成就而已。在彼时学校教育总甚稀少,然其生活即教育也。"

"君意彼时生活予彼时儿童之教育,较今日生活所予今日儿童之教育为胜乎?人固有笑电影为陋者,然余意则今日之电影即儿童最好之文化教育工具,况外此更有无线电话与其他科学之发明乎?"

"就时代言时代,就生活要求言要求,则彼时教育较今兹教育为良也。"

"此何谓也。"

边疆生活为一种教育

"现世社会要求视昔众多,生活视昔复杂,人群关系视昔繁密,而问题视昔艰难也。"

"吾侪之时代视昔艰难则有之,然学校则视昔良好矣。顾君何以反谓旧日教育为较良?"

"要求加多,学习之机会减少,则教育能不受损乎?"

"要求加多,既闻命矣。学习之机会减少,则余未之前闻。"

今日生活较少教育的效能

"在旧日,家庭与邻里为生活之全区。衣、食、住以及其他需要,直接由家庭与邻里供给之。稻粱取诸家庭,磨砻操之邻里。植棉、纺纱、织布、染色、缝衣、制履,胥家庭任之;机器陶冶,则求之邻里而悉备焉。"

"此皆然矣。然与教育何涉?"

教育为生活之参加

"此即教育也。儿童生长于此环境中,参加其父母之生活,而技能于以训练焉,识解与态度于以养成焉。其社会组织既密切,其共同之理想与态度既昭昭于众目,置身其中,即不学而能焉。"

"君之说,使余顿忆数星期前之所讨论。"

"讨论者何事?"

“即教育为改造生活，以遂其生长。而所谓生长者，有三方面焉，即 1. 眼光与识力；2. 态度与欣赏；3. 技能是也。”

“彼时儿童能得眼光与识力乎？”

“然。于其生活中得之。其所得者，当然为彼时代之见识也。”

“亦能得态度与欣赏乎？”

“然。其生活所需之欣赏力，即于生活中得之。至技能之获得，更无俟言。其女工家事若烹饪、若纺织、若缝纫，皆彼时女子之所必学也。” 女子教育

“此即彼时女子所由学习家政乎？”

“然。彼必须学习，亦且不复问其应否学习矣。”

“此有似乎强制否？”

“然，但以其行之有效，故不觉其强制耳。”

“不觉其为强制，故遂不成强制乎？”

“然。彼多由内心之选择而为之，非至力不逮时，不稍犹豫也。”

“因此易于学习乎？”

“然。第一，有动机之驱迫——倾向与准备；第二，有家庭为之批判其成功或失败。”

“其成功或失败，又有其相随之快与不快，故适合学习之条件也。”

“其男儿如何？”

“男儿则参加其父兄之生活，而分代其劳。执役于农场，担粱饲马，一如女子之纺织烹饪也。” 男子教育

“其政治生活如何？”

“其政治生活颇简单，其问题亦以无人了解而简单。然苟有政治活动，则其男儿多目击之。有巡回之法庭，则往观其鞫

审;有政治之集会,则往听其辩词。如是而欲不了解焉,不可得也。”

“但今日儿童之所见闻较彼时尤丰富矣。此层君似不可忽略。”

“余未尝忽略之。然终不能不认彼时之儿童所学较今日儿童为多也。”

“君意彼时生活即是教学,而今日儿童不复能于生活中学习其所需要乎?”

现时家庭缺乏教育的机会

“然。余意犹不止此。彼时儿童对于其父母之生活,认真参与;而今日城市之儿童对于成年之生活,只作旁观。即课以少许之职务,而对于家庭之事终乏责任之观念。其富家子女更为经济之蠹,不如旧日之儿童为经济之助也。”

“彼时儿童因参加实际生活,故在家庭中早发展其责任之观念乎?”

“然。今日之儿童因不参加实际生活,实有长大而乏责任观念之危险也。”

“君意责任观念之缺乏,产生社会上不良之现象乎?”

“然。市民对于选举投票之冷淡、公众幸福之漠视,皆其恶果。美国今日之市政,夫人而知其不良也。”

“君意今日儿童之生活,未能予以适应社会要求之教育乎?”

现时生活复杂为教育上之难题

“然。政治复杂,骤难明了,儿童不明了,而其父母又皆茫然,则无怪儿童长大后,置政治于不闻不问也。”

“劳资问题如何?”

“此更复杂,非片言所能尽。今日最大之困难,在儿童无论属于劳动界抑资本界,皆仅见经济问题之一面。分工分业之结果,乃并生活与人民而分之。儿童生于此隔离之社会阶级中,永不能窥见各种事业之联络的关系,一任暴民党领恣其褊狭之宣传,为可慨也。”

“此所讨论,与学校之教学各种手工,亦有关系否?”

手工之教学何故

“有。旧日生活予儿童以直接事物之经验。故不仅训练其技能,且昭示以思想所必需之实际事物的意义。今则不然,使无学校之努力,则城市儿童必将长大而不知具体事物与其意义,不仅缺乏技能已也。”

“运用事物之工作,又适合于儿童构造与操作之本能,然否?”

“然。此又一看法也。”

“君意谓凡陶铸人生之一切影响,皆为教育。而此种教育,则旧日简单之自然生活所能予人耶?”

“然。”

“今日各项工作,既不在家庭而在工厂,而大工厂又距家庭至远,故家庭邻里已不能予人以旧日所有之教育耶?”

“然。或易一说法,则在彼时,学校仅担任教育事业之一小部分,而今日学校则须担任其大部分也。”

“何以吾人责望学校者独多?”

学校应负无人担负之责任

“社会各组织各机关所不担任者,则学校应担任之。学校继承社会一切剩余之天职。吾人虽不愿其如是,而事实如是也。”

“家庭所应为者,由学校代为之,不且愈弱减家庭之能力耶?”

“否。余非减轻家庭之责任,乃承认目前之事实而已。余一方面极愿家庭之可以巩固,而一方面急欲适应儿童之需要。凡家庭所不能为或不为者,学校必为之。且希望今日儿童受良好之教育后,则下一代之家庭能较今兹为良好也。”

“家庭以外,尚有其他有教育影响的组织——如教宗、邻里、商业——亦委弃其教育之责任于学校乎？”

商业之教育效力

“此当分别言之。先论商业。今日之商业，其所需之普通教育较旧时为多。而商业自身则又渐减少其旧日徒弟之练习，平时儿童且不得参观之。彼盖责于教育者厚，而施于教育者薄，则学校有不得诿卸之职矣。”

“邻里如何？”

“社会生活较前复杂，前既言之矣。则亦责于教育者多，而施于教育者少也。”

“何谓施于教育少？”

“现世社会政治生活较前复杂而难了解，其事业既繁赜，自不复为家庭谈话中所常涉及，儿童之见闻既少，则邻里之教育的效力然当减矣。”

“现世生活之增加其要求，殆亦由吾人对于此要求较前更了解耳。”

“此何意也？”

现世识解增高

“余意边疆时代之人诚予其儿童以技能品性之训练，而使其能适应当时简单之生活。然彼等之识解究亦有限，即如天然利源之保存，彼等竟未见到。校地之售卖，一亩一元，其所得之资金又随意浪用，其一例也。”

“君意现世生活之要求所以增多，乃由于吾人对于生活之可能与危险有更多之了解乎？”

“然。余意简单生活无论在昔日，在今日，决不能予人以深远之见识。余来自乡间，此余所深知也。”

学校应担负社会委弃之责任

“识解愈高，要求愈众。社会之进步，由于经验之积累，此余所乐闻也。然君勿误会余意，余固非提倡回复旧日简单之生活者。余所致意者，今日学校之责任实较往时为重而已。”

“君仍谓学校应代社会负较重之责任乎？”

“然。生活要求之增加，无论其为由于文化之复杂，抑由于教育机会之减少，抑由于识解之增高，其结果则一。学校之责任必加重也。”

“此与乡村学校问题有关否？”

“然。但与任何学校亦均有关。总之，任何学校一方须顾及儿童教育上之需要，一方须注意儿童生活上教育之可能。总此两端，而决定其任务，凡儿童不能由他处得之者，学校应供给之也。”

“由此说则乡村学校与城市学校应有不同之课程乎？”

“然。但不仅乡村与城市学校有个别之课程，实则每种课程都应适合一种特殊之情境。小城市之学校课程与大城市之学校不同，美国东部学校课程与西部学校亦不同也。”

“学校必常供给社会生活之要求乎？”

“然。”

“社会生活之变迁与宗教又有若何关系？”

“此问题殊复杂，而各人之意见亦分歧。然宗教势力之日蹙，新观念之日多，已无可讳。至其将来如何，尚难悬揣也。”

“君谓吾侪止在一急剧改组之时期中，抑此急剧改组，尚日进而未已乎？”

“后者近是。”

“君意将来之变迁，且益急剧乎？”

将来之变迁将愈急

“然。”

“此为一可惊之见解，君谓然否？”

“变迁之急，谁实使之？”

“发明创制日新不已，则生活不得不变迁也。”

“发明创制，谁实为之？岂亦日进而不已乎？”

“发明家创制家为之。”

“创制又恃乎发明否?”

“然。”

“然则又须归之于科学与科学家矣?”

“然。”

“科学将增进乎,抑退缩乎?”

“增进,且急剧的增进。”

“日进不已之科学,将产生日进不已之发明乎?”

“然,且又继之以日进不已之制造,与日进不已之生活变化也。”

“此亦有法逃避否?”

“除非现代文明一旦摧毁,否则殊无法避免此变迁也。”

“如此,则变迁不但不可免,且将愈加急剧焉。”

“然。”

“君等所谈,与学校之实际愈趋愈远。社会生活之变迁与否,与学校有何关系?”

“余意关系甚大。”

“余所问者‘何关系’,非其大小也。余不解社会变迁与吾侪何涉?”

学校为青年预备变迁之生活

“试问学校应预备青年担负将来之事务乎?”

“此当然。”

“如其然,而使青年为将来之预备,试问既不知将来之如何,又何从预备乎?”

“不知预备之为何,当然亦无从预备也。”

“但事物之变迁急矣,君能知将来有何新发明出现乎?”

“余何能知之。”

“如是,则君不知将来生活中有何变迁也。”

“否。然生活中亦有其固定之事物焉。”

"君遂能为之预备乎？"

"然。"

"对于新事物，则不能预备乎？"

"不能确实预备。"

"何谓不能确实预备？"

"余意仍可预备儿童，使知变迁之不可免而预期之。此亦有益也。"

如何为未知的将来预备

"君将预备儿童，使能适应变迁的环境，能适应变迁之自身乎？"

"然。"

"有二教师于此，其一确知儿童将来之一切需要，其一仅知儿童将来之若干需要，与其将来之必有急剧变迁。此二教师之教育法，能相同乎？"

"不能。固定文化说之教师，预知儿童所需应付之问题，而一一教以如何解答。但变动文化说之教师则不能。余抑不知其能为何事也。"

静止的文化中之预备

"则教学之于彼，或为另一问题，然否？"

"然。余前者乃未之思也。"

"固定文化说之教师，能教儿童以作'何'思想，而变动文化说者不能也。"

"变动文化说者，不能教以如何思想，如何解答问题，如何考查困难情境耶？"

活动的文化中之预备

"若然，则两人所主持之学校，其方法必不同矣。"

"余今乃恍然矣。以世界为静止的固定的者，仅教儿童以其所预期之问题之答案可矣。其方法则记忆与熟练可矣。旧日学校固如此也。"

"然。使吾人以世界为变动不居的，则如何？"

"则其教育当注重思想与解答问题之方法，与行为之原则，其学校当培养自立而能适应之青年，此即今日新式学校之所有事也。此诚一有趣之讨论，余今乃恍然矣。"

生活要求之不变者

"然变动之文化亦有其固定之事物在，例如吾人之私营即其一也。"

"私营之有危险，如常存在。君将欲学校为其防止预备乎？"

"然。但余不知其方法。"

"此为道德教育之问题矣。"

"余极所乐闻，余常欲提出道德教育之讨论也。"

"此或俟稍缓再作专题讨论，今仅涉及其一二耳。吾人有若干品质——如私营——必常存而不能尽去。生活有新式样则私营亦有新形式也。"

"然则如何？"

道德教育

"在道德上，吾人亦不能专靠固定之规律，固定之'不当为'与'当为'。特殊之习惯固当养成，而类化之品质尤须建设。不务私营而谋公利之特殊习惯，能预期者可养成之，而不务私营而谋公利之类化观念，则尤当拥护，使能随时应用于新事项也。"

"君意吾人应教原则而不仅专教习惯乎？"

"然，此亦一说法也。"

"如何始谓之教。令儿童记忆道德之规律，即为教以道德矣乎？"

"否。儿童未之学，即不得谓之教，正如买之于卖然。"

"此又何说？"

何谓学习

"顾客未买，则店主未为卖；儿童未学，则教师未为教。如下之比例：教∶学＝卖∶买。"

“儿童如何始为学?”

“此曾讨论及之矣。儿童能为而愿为者,谓之已学。此于道德为尤然。有三事焉,‘知’、‘能’、‘愿’,而‘愿’为尤要也。”

“此即须换一新教学法否?”

“为何?”

“旧式学校只问儿童能记忆此文字否,能熟习此技能否。其所问者,‘能’与‘不能’而已。”

“此由旧日学校恃家庭邻里,以教儿童之‘知’与‘愿’乎?”

“然。”

“时代变迁,故使学校之责任亦变迁乎?”

“然。”

“学校之新责任,在有加广加富之课程乎?”

“然。否则将来之青年,将不‘知’其天职与机会也。”

“家庭与邻里之生活既失其旧日教育之效力,则学校应有一新方法。”

“何谓新方法?”

“在旧日,儿童生活之四围皆有价值之志愿的活动,而为儿童所能了解与感觉者也。今日之家庭既绝少此种活动,则儿童之生活仅成为游戏,而不具其所需之教育的价值矣。欲予儿童以真切之生活,必先使有志愿的活动,此则广义之方法也。”

“如是,则吾人实需要一种新式之学校。”

“然。彼以新方法为流行的狂想与虚文者,实浅见而未深思也。”

“旧时之读写算三科(three R's)已不敷用乎?”

“然。”

"方法之变迁是否随在可见?"

"然。新目的、新内容、新方法,皆根本之变迁也。"

新教育学

"前此吾侪尚未及新教育学,吾意目的、内容、方法之变迁,新教育学亦其一主因也。"

"然。但教育学之变迁,实为其他变迁之结果。因需要新式之学校,而起大众对于此问题之意识的注意。"

"因意识的注意而生教育之新研究乎?"

"然。"

民治主义与新教育

"关于新教育,吾侪竟未一提最重要之民治主义。"

"吾侪不能同时提及各问题也。余意民治主义之渐渍于学校中也,使教育者对于儿童之本性起更多之注意,对于儿童自愿自动之学习为更大之努力,则与科学携手并进者也。"

总结

"君意仍以为新教育之根本原因在新工业之勃起乎?"

"然。在工业与其所从出之科学也。"

"君意文化经急剧之变迁,而家庭、学校、邻里、教宗之所负教育上责任,已有移转乎?"

"然。家庭与邻里之教育机会较少,而学校之责任乃加重也。"

"人谓'吾所得之教育如何,则吾儿童之教育即可如何'者,将作何解?"

"此直盲说而已。彼知生活之变迁,而不知生活变迁即学校须负有新责任也。"

"'读写算三科'与'流行的狂想与虚文'何如?"

"关于新说新法,人诋之为狂想与虚文,余固不敢保其应用者之绝无错误,但三科则决不足使儿童应时代之要求。课程必须加富,而方法必须更新。不得以狂想与虚文目之。生于现世,即须负现世之责任也。"

“教育应有之诸变迁，今已皆完成乎？”

“尚未开始也。”

“然则君且准备有更大之变迁在后乎？”

“然。”

“其代价且将更多乎？”

“然。”

第十七章
教材与教育历程

教材之意义

“何谓教材，余向者固自谓知之矣，近闻人讨论，乃滋惑焉。”

“此问题最好勿讨论，且勿思考。”

“君等之困难，在不知教材一名词之意义，抑不知吾人对于教材应有若何有用之看法乎？”

“余亦不自知，后者或是。”

“余不明君等之困难何在？教材者，修学(study)时所学习(learn)者也。”

“究为修学者抑学习者乎？”

“二者是否有别？”

“余意有大别焉。吾人之修学至博，而真能学习者至约。修学之教材较学习之教材，其范围为广。修学者，粃糠与粟麦相淆。修学之工夫，则在从粃糠中掇取粟麦也。”

“君言良是，然余不喜君之比喻。粟麦之为粟麦，自始而然。而修学则产生学习者也。”

“此毫芒之剖析，令人生厌。何不稍谈实际？顷曾提及对于教材最有用之看法，何不进而讨论之？”

儿童与教材为教育历程之二元素

“教育历程中，非仅教材之一元素也。有教材必有儿童，二者不备，无以有教育之历程也。”

“君曾读过杜威所著《儿童与课程》(*Child and Curriculum*)者。彼谓多数人以儿童与教材分成两橛者，何意?”

“彼意多数人以此二者为不类之事物，其间无共同之点也。”

“儿童与教材间宁能有共同之点? 试问动词之定义或乘法表，如何能与儿童有共同之点? 彼儿童为幼稚、活泼、有情感、易错误之人类，而乘法表则世界未有以前已固定完全。无时间性，亦无生无灭，亦无生命之可言。故正当言之，二者之不相类，正如一寸与一点钟然。此幼稚无能之儿童赖完全无阙之教材，以弥其缺陷，是谓学习。”

“如使二者不相类，则如何能相合? 何谓学习，如何能有良好之学习? 使二者真不相类，则如何能交互影响?”

“不相类之事物能否交互影响，余亦不知。但儿童与教材既不相类，则学习时强为之合，不过将不相联络之材料记诵熟练而已。”

“此正多数人观念之错误。余则谓儿童与教材有其共同之分子，可以统一的概念联络之。”

“如有共同之分子，甚佳。但此统一的概念，余苦思不得，君且言之。”

经验为统一的概念

“余采杜威之经验说。教材为种族之经验，乃人类解答问题、战胜环境时所积累之最良方法也。”

“此教材之解释是也，然与儿童何涉，君不云有其共同之分子耶?”

“此即共同之分子也。种族有经验，儿童亦有经验。夫儿童经验当然为幼稚的，仅为经验之起点与萌芽而已，种族经验则其成熟者也。”

“余已微解君意，请再申言之。”

“一寸之于一点钟与一寸之于一里，不相类也。以一寸与一点钟较，其长短无可比拟。而与一里较，则短于一里。前者之度量不同，而后者可同也。”

“君非欲讨论儿童与教材之共同分子为经验耶？何来此题外之文？”

“余所讨论者，确为儿童与教材之问题。在生活之度量上，儿童经验之视种族经验，犹寸之视里也。儿童之行为方法(例如语言)为初期的、有限制的、多错误的。种族经验乃人类所得最良之行为方法，其所界较远甚也。然吾人最优之词令，亦不过与儿童幼稚谈话同一语言，唯较好而已。二者非不相类，其大者乃小者之所发展。儿童经验与种族经验为同一事物之初期与晚期也。”

“经验之名词甚善，而余尤喜君所用之另一名词。”

“君何所指？”

“即君所谓行为方法(ways of behaving)是也。其意较经验尤显。儿童生活，本行为方法之合体，而种族经验则保存人类最良之行为方法者也。故儿童与教材同为行为方法。儿童之方法较之吾人最良之行为方法，粗糙而易错误，然实属于同一种之度量者也。”

“此亦言之成理，试举例明之可乎？7×8＝56，此教材也，亦为行为方法乎？君说似尚欠概括。”

算术为行为方法

“即以7×8＝56言之。假如购8分邮票7枚，余可作7次付其值，每次付8分，则为7×8矣，然其事太不便。幸种族经验不如此，不必付7次，每次付8分，而可以一次付5角6分。此种族经验之行为方法较简易而直捷也。”

"此诚一新解。一切教材均如是乎？地理亦如是否？"

"地理亦行为方法也。"

地理为行为方法

"余在底特律(Detroit)，预拟以某次火车遄返纽约，以践一宿约。而此火车忽因故更改时刻。凡过底城之火车，皆不能如余预期之时刻赶到纽约。此时须求之地理知识矣。湖滨(Lake Shore)路如何？自芝加哥至纽约之车甚多，由底城绕至该路，当不甚远，必可设法衔接。更从事调查，果得满意之结果，以该路第一次开至纽约车归赴前约焉。此地理知识，非行为方法乎？"

"君谓一切教材皆可如是应用否？"

"余谓一切教材皆'应'如是应用。其不如是应用者，不应在课程上占有地位也。"

行为方法与课程

"此为批评课程之一法否？"

"然。此为极严重之批评，有许多学科内容均不能当此批评也。"

"如君欲以行为方法包括一切学习，则行为一名词亦当作广义解释否？"

"寻常行为之义本至广也。凡对于生活情境之反应皆为行为，则行为与生活同广，当然可以包括一切学习，更何须作广义解释乎？"

"君顷用此概念以批评课程，亦可用以判断学习乎？"

"何谓也？"

"余谓可以此评判教材之已否学习也。如何为学习，吾侪已有数说，余今更谓凡教材非经变化以成行为方法者，不得为已学习。现在学校之学习，大部分仅供考试时之敷饰而已，此则学习之污蔑与贱役也。"

如何方为学习

"如此说，则有许多学校与教师皆在贬议之列乎？"

"然。然不因此而减损吾说之价值。现在有多数学校未入正轨。使人人知教材非可供行为之方法,则失其价值;学习非获得行为之方法,则失其功用,则学校将大改革也。"

"此说与教育为'生活之预备'说亦有关系否?"

教育为经验之继续的改造

"此说与前所讨论之教育为'经验之改造'说相发明。学习既为行为之新方法,即是改造经验。行为方法如为目前需要之适应,即为继续的改造经验。此即所谓生活——现在之生活,与以教育为将来生活预备者固大有别也。"

"君意儿童所学习,必成为行为之新方法,无论算术、地理、历史、拼法,皆如此乎?"

"然。余希望儿童之所学习,必为彼于此时此地所需要之行为方法。以其需要而学习者,则于儿童生活上之应用必较速而较多也。"

"君意不应有例外乎?亦知劣等教师之甚多否?"

"余固言'希望',在此世间,希望固不常充分实现也。"

"余尝闻'可能的教材'一语,此际可适用否?"

"然。以曩所述儿童系靴之例言之。当其为之也,凡修学者,皆'实际的教材'也。然在一年前,为彼能力之所不逮,即在一月前,亦为彼能力之所不逮。而一年前,一月前,其母知其循序发展,则将来系靴必可为实际的教材,而现在则'可能的教材'也。"

"此二名词,即如此解释乎?"

"然。"

"已经学习之教材,又有何名称?"

"或称为'已往的教材',然稍离奇耳。"

"再言系靴之例,其教育之历程如何,修学学习与教材诸概念如何应用?能再总括言之乎?"

“此事綦难，然余乐为之。系靴之例，则‘实际的’、‘学校以外的’学习也。”

实际的学校以外的学习

“君意此种学习不能包括其他一切学习乎？”

“然。但此为最重要之一种，固尚有其他各种，然不易划分也。此种学习可分五步：

1. 儿童开始做一事——此际为系靴带——为前所未能独为者。彼见其母其姊其保姆为之，有若干之了解，可为起点。

2. 遇困难而事阻。困难之起，由于行为方法（心理学者称行为为行为型）之缺乏。彼非无多数习惯、技能、行为方法或行为型也，但无此系靴之行为型耳。一部分所需之行为型，如见靴上之孔、穿带入孔、以带系结等等，彼亦已能之，特总合各步而成一系靴之复杂行为，则尚缺乏耳。此缺乏即困难也。

3. 反复尝试而母助之。儿童此时注意成功之分子、行为之顺序、母之做法与其结果，于是更尝试之，此即‘修学’之进程也。注意成功之分子而供给己之所缺乏，谓之修学。故修学者，即获得所需新行为方法之努力也。

4. 最后儿童获得此新行为方法而能自系其靴。所谓‘学习’，即获得所需之行为方法也。

5. 新行为方法既获得而可应用，则困难解决矣。此为学习之成功。”

“‘修学’与‘学习’均了然矣，教材何在？”

“此较复杂。所谓教材，乃修学与学习之事项，即第三步前段所注意之事项，与第四步后段所学习之事项是也。”

教材之性质

“多数人对于此二段，皆不作教材观。”

“然。故采取此新见解者，常不欲沿袭‘教材’之旧名词。然余意则旧名词可不废也。”

“君所提修学、学习与教材之观念，诚皆所谓新见解也。”

经验之改造

“余又愿君注意一点,即此昨日不能而明日以后能系靴之儿童,不啻另一儿童也。彼以后不但能系靴,即对于时刻与钟声皆有一新观念,而担负一种新责任。责任愈重,担负责任与诿卸责任之机会均愈多,而其道德意识亦愈扩展。彼将渐感觉其独立的人格,而其人格亦愈复杂。此不仅儿童自知之,其母亦知之。母见儿之渐能独立,于心滋慰,然同时亦若有隐憾焉。即儿之于母,一方进一步为独立自营之人格,一方即减一分依赖母亲之儿性也。”

“此即所谓儿童经验之改造乎?”

“然。此即真教育,真生活也。”

“君所谓‘进一步’者甚善。每一事项之学习,均为进一步否?”

“然。所谓进一步者,至少指更复杂更显明之人格而言,非必即指道德的鹄的而言。在前者为进一步,而在后者或转为退一步亦不定也。”

“学习的教材为进一步经验改造之动因乎?”

“然。余意如此。由余说,则凡教材之不能使儿童进一步改造其经验者,未为能正当的有益于儿童之生活也。”

教授之性质

“君未提及教授,岂此际无教授耶?”

“母之助儿学习,即教授也。唯实际新行为型之获得,则余愿以‘学习’称之。”

“君犹持下列之比例乎?

教:学=卖:买。”

“然。此余常记于心中者。”

“君所定修学、学习、教授、教材之界说,抑若彼皆生活之事,而非学校之事。此有意为之,抑另有其他界说适用于学校者乎?”

教育与生活

“求良好之教育者,无不以生活为先。余意教育者,即生活之教育,为生活,由生活而教育者也。而生活者亦即教育之生活，为教育而生活者也。故谓教育即生活者，其说甚当。”

“君曾谓上述之修学、学习、教材诸说为新见解，其与旧见解之比较如何？”

“旧教育之见解（最近 75 年间所行，当然非十分纯粹）如下：儿童时期为一浪费之时期，而预备成年生活之教育乃此浪费时期之利用法也。其法（一）先研究成年生活与其需要。除一部分可无意的学习者外，组成顺序以便学习，谓之课程。（二）分课程为若干部分之教材（功课），然后强制的指定之。此功课指定与考验合称为教授。（三）儿童为慑于责罚，不得不从事记诵，谓之修学。（四）儿童能背诵答问，即认为已经学习。（五）如更推而极之，儿童将所学习者保存于‘记忆之储库’中，至需要之日则检查而应用之。”

“旧教育之见解完全根据于将来生活之预备乎？”

教育历程之旧见解

“然。”

“recitation　（授课）一语，即由 recite（背诵）来乎？”

“然。此语初指儿童将记忆之书本背诵答问之意。”

“此背诵答问须一字不易乎？”

“然。其流行之方法为问答。历史、地理、理科之课本，亦常以问答法编辑之。”

“此旧见解今已完全消灭乎？”

“未也。今日持此种见解之人仍不在少数。”

“教材之与生活，余已提相反之新旧二说。新说以教材为活动进行中需要之事项，而旧说则以教材为专供学习或记忆之事项也。”

教材之二说

“余仍不能完全了解。”

“请举一例。如儿童自装一无线电机。彼见年长者优为之，而能收远站之音，则己亦欲一试。然遇困难而阻焉，则研

内的学习

究书籍及仪器，探求其困难之所在，而设法解免之。然后为再度之试验，又遇困难而阻，则又研究探求以解免之。如是反复试验以底于成。”

“此即反复应用前所谓学校以外的学习之分析而已。”

“彼修学乎？”

“然。”

“学习乎？”

“当然。”

“此儿童所学习之教材与彼所能了解之生活有关否？”

“有关。此种教材为行为之一部，为行为所内含。”

“则吾侪可谓之为‘内的学习’(intrinsic learning)，其所学习者，谓之为‘内的教材’(intrinsic subject-matter)。

“此外尚有外的学习(extrinsic learning)与外的教材(extrinsic subject-matter)乎？”

外的学习

“试想象一高年级之儿童，学算银行计算法，此计算法为儿童所能了解之生活所必需乎，抑在其生活以外乎？”

“余意在其生活之外。”

“余意则不然。此计算法为彼实际生活中之一部，盖不学习，则学校将加以责罚，故儿童之研究教师之心理，其努力不减于其研究无线电也。则学习银行计算法，亦不在生活之外，而在其内也。”

“为解析此困难，余且提出二问：一、为问彼之学习银行计算法之决心，为内的选择，抑外的选择乎？”

“此为外的选择。因儿童必非为学习银行计算法之机会而就学也。”

“二、为问彼之学习银行计算法，为其实际生活上之所应用，抑为教师以是求，而彼即以是应乎？”

"当然非生活上必用银行计算法,但为教师或课程所规定,不得不学习耳。"

"然则此儿童之学习银行计算法为'外的学习',其所学习为'外的教材'矣。

"信如是,则今日多数学校中之学习皆为外的学习矣。"

"余不为是言,但一大部分之学习胥属此类耳。"

"内与外之间亦有各程度乎?"

外内的量表

"然。假令以E代表外的教材,以I代表内的教材,则自E点以至I点成一量表。学校之极端在E点或I点者,当然甚少也。"

E————————I

"多数学校近于E点乎,抑I点乎?"

"余意多数学校近于E点。"

"从历史上观,近数百年间之趋向如何?"

"近百年来,一般趋向为背E点而向I点进行也。"

"最进步的新式学校如何?"

"当然更向着I点进行。"

"君以为实际学校可完全在I点进行,抑以I点为理想,而不急于实现乎?"

科林斯之试验

"余意如科林斯博士之学校,即几全在I点上进行者。"[1]

"科林斯氏之试验为成功否?余闻此种试验学校率不成功也。"

"君且取科林斯氏之书读之。彼之学生在寻常教材上测验之结果超过全国之标准,在态度欣赏等上则更有卓越之成绩,实为大成功也。"

---

〔1〕科林斯:《设计课程之一试验》。(Collings, *An Experiment with a Project Curriculum.*)——译者

"此成功即由于内的教材之应用,抑由于科林斯博士教育之热忱乎?"

"其成功之成分中,若干由于教材,若干由于热忱,余不能知。余所知者,一则彼应用内的教材,一则彼获极大之成功。而科林斯博士则以为非有内的教材,决不能致此成功也。"

内的教材何以较优

"内的教材何以优于外的教材?"

"此问题无形中已屡言之矣。试回溯吾侪前所讨论之心向与准备、兴趣、完满的工作、志愿的活动、思想之全程等原则,苟一深思,则知此诸原则皆要求'内的教材',而反抗'外的教材'者也。"

"总之,'内的教材'能供给适合学习之条件乎?"

"然。"

"此指正学习,抑副学习与附学习?"

"此包括一切学习。科林斯博士初仅注意于附学习,而终则并得其他焉。"

外的教材之弊

"应用外的教材亦有弊乎?"

"有弊。君亦有所言否?"

"余谓以责罚为威吓而指定之功课,实不能包括一切学习。凡专恃责罚而指定功课者,其所遗漏有价值之学习甚多也。"

"君何所指?"

有价值的学习反加忽视

"学习之专项,有可以恃责罚而指定者,如读物之记忆与简单的技能,其熟练与否易于考验者是也。有不可以恃责罚而指定者,如欣赏与态度是也。试想象一教师告其学生曰:'汝曹对于狄更斯之《贼史》[1]欣赏殊缺乏。今日下午放学后,必补习至能欣赏至70分以上,方许回家。'或一校长告其

[1] 此书即狄更斯的小说《雾都孤儿》,原名《奥立弗·退斯特历险记》(*Oliver Twist*)。中国最早的译本为林纾的《贼史》。——编校者

学生曰：'汝曹对于某教师，如至下一月曜日[1]尚不加爱重，则余且嘱某教师惩罚汝曹。'有是理乎？盖欣赏与态度之获得，非责罚所能为功也。"

"于可以强制指定与不可强制指定之两极端中，有各种中间的学习焉。如形式的行为与浅易问题之解答是也。凡专恃强制以指定及考验功课者，则其所指定限于此一种之教材，而与生活最有关系之态度不与焉。即教师个人有欲注重此根本之学习者，亦以限于功令，而不得不仅以机械的技能熟练与知识记忆为已足也。"

"余向者直未之思，今已憬然悟矣。"

"儿童学习之方法亦受此强制学习之影响乎？"

儿童学习之方法受其害

"然。仅知注重机械的记忆者，忽视思想之训练。仅以考试测定学生之成绩者，无形中养成'赶考'之习惯。美国今日各州中，施行严密之考试制如纽约州者，虽有州定教材之纲要，而多数教师常并此纲要而无之。其所教授，一以准备儿童应付考试为能事。如此而言学习，其为经验之改造者实鲜，此则甚失教育之本旨也。"

"余曾身历此种制度之弊害。盖教师之不能思想，未有如在此制下之诸教师者也。"

教师不重思想

"教师既受层层之束缚，更何能思想？其所教之事项，教授之时间，既一一为之规定，其教学之成绩，又一一唯机械的考试是凭，则教师不等于工厂之机工乎？此种教师虽欲思想，亦乌得而思想？其所成就，至多不过为一工匠，不能为艺术家与思想家也。"

"如君意，则今日教育行政家之待遇教师者亦苛矣。顾有

[1] 指星期一。——编校者

几人与君同意乎?”

“得事理之真者固不常得人之同意也。”

“此种教学于道德品性之训练亦有损乎?”

道德训练受其害

“然。品性中之要素,如态度,如欣赏,其受损既如上述。赶考已甚劣矣,而其尤不幸者,为考试时之‘舞弊’。夫使教育有道德的影响,必使儿童生活于社会团体之中,以教师为其生活之友侣与指导而后可。今强制之学习,则先使教师与儿童相敌对。忍令儿童于八年至十二年之学校生活中,以仇雠视其教师,以取巧舞弊修其学业。公民训练,此其最劣者矣。”

“内的教材能使教师为儿童之友乎?”

“然。一如外的教材能使教师为儿童之敌也。”

“君之斥强制教学至严矣。顾何以强制教学至今仍能存在?”

“对于此问,有二答焉。一、强制的教学,今已不如前之有势力。外的教材已节节退让于内的教材。二、指定功课与考试法,便于教师之管理。盖工作既确定,而成绩之考查复精严,故行政家喜之。至其不合教育之本旨,则行政家若父兄,皆所不常解也。习惯相沿,则盲从而已。”

“教师较行政家易于觉悟乎?”

“此难言之,视教师与行政家之个人如何,不能一概论也。然教师之疾苦较深,则觉悟亦当较速耳。”

总结

“在散会之前,余愿有一人能将今日讨论之要旨撮要述之。”

“以余所见,则今日讨论有三要点:(一)教材为行为之方法;(二)由实际的学校以外的学习所得修学、学习及教材之新概念;(三)内的教材与外的教材之区别。”

“如吾人以教材为种族所得最良之行为方法,则儿童于某事项苟不能由之以变化其实际的行为，则未能为已学习。由此见地，则学校课程大部分必须改组。此教育为经验改造之说也。

“如吾人分析一项实际的学校以外之学习，则知修学与学习皆为生活中应付困难时所必需之活动。故教材实为个人进一步改造其经验中内含的需要也。

“此内的学习与外的学习根本有别。内的学习为生活中应付困难所必需之活动。外的学习则为外界之权威所规定，而非生活上此时此地所可应用，仅可呈现于教师，而以免其责罚。二者相较，则内的学习当然较为适合学习之条件。若儿童仅有外的学习，则学习之范围既有限，而于儿童之学习方法、道德训练及教师之人格又皆有害焉。”

“外的学习所以至今犹有多人信奉之者，旧式课本之习用亦其一因否？”

“然。不特课本也，课程编制、升级标准、学校设备、教育界心理均有关系焉。”

“凡此皆应变更乎？”

“然。”

“以何者为起点？”

“以最便着手者为起点。”

“各项须同时变更乎？”

“然。”

“有困难否？”

“有。”

“吾人值得冒困难以为之乎？”

“然。”

第十八章

心理的与论理的

心理的与论理的之意义

"'心理的'与'论理的'二名词,分别观之,意义甚明,但合而对比之,若具有专门之意义者,可得闻欤?"

"此二名词之对比,始于杜威,确有专门之意义也。"

"余读杜威书,常见此二名词,愿君加以讨论,必甚有益也。"

"'心理的'指实际经验之顺序,'论理的'指吾人对于经验所得之排列。此最明了之意义也。"

"请解释之。"

"试以'统治'之观念为例。君何时初得'统治'之观念耶?"

"君问余为儿童时所得之观念否?"

"然。"

观念之渐渐构成

"此难言也。最早在余幼时,一次拟偕姊为旅行野餐之举。母禁阻之。余哭,母惩责之。自是余乃知凡所作为,有非得母之许可则不能者。"

"即以此为起点,君于此有一受统治之经验,而有所学习否?"

"然。下次余所期望者,乃较合理矣。"

"君意此经验之结果为下一经验之预备乎?"

"然。虽余未如此想法,而实则如此也。"

"每一经验有其遗留之结果,而此结果,又为下一经验之预备。此常然乎。"

"君意在一事项如'统治'上,吾人有一经验之联续否?"

经验与结果之联续

"然。余意在此事项上,吾人有一经验与结果之联续。以 E 代表经验,以 R 代表结果,其式如下: $E_1R_1E_2R_2E_3R_3E_4R_4$……"

"君言甚是。君所谓 $E_1E_2E_3$ 等乃余所得'统治'之联续的经验,而 $R_1R_2R_3$ 等则其联续的结果也。"

"然。每一 R 起于其前一 E,而为其后一 E 之预备焉。"

"君言之太速,余苦未能解。所谓每次经验,余亦知之。例如每次吾父或吾母对余有命令或惩责时,余得一度'统治'之经验,此联续的经验也。何者为联续的结果?"

"君于 6 岁就学时,在家庭已学习何者应为,何者不应为乎?"

"然。唯间亦有违反所学习者耳。"

"君所学习者,得之于一时间一经验乎?"

"否,历许多经验而后得之。余犹记初入学时,余每任意离校,后乃知非得许可,不能出校门也。"

"君于第一次出校之经验,学得'统治'之观念乎?"

"余当然学得不少。余自是知任意出校必有应课之责任,最后则非得许可不出校矣。"

"于此以外,君与兄弟姊妹间之关系中,亦有经验可学得尊重他人之权利乎?"

"然。"

"如是每一经验(E)必遗留若干学习之结果(R),而每一结果又使人对于将来之经验有一新见解乎?"

"然。所谓每一R起于其前一E,而为后一E之预备者,其义明矣。"

"余对于联续的结果尚有一问,即R_3是否为R_1与R_2之总结?"

犬之观念之构成

"试再举一例。如3岁之幼儿嬉弄一可玩要之白色小犬,此为其第一次有犬之经验。彼嬉弄时(E),构成一犬之观念(R)。其后母告以祖母有一犬,儿心中以为祖母之犬亦色白身小而可玩要者也。假如祖母之犬虽亦小而可玩要,然为黑色,则以后儿闻伯父有一犬者,其心中所想象之犬为何如乎?"

"其心中以为伯父之犬必小而可玩要者,其颜色不能确知也。"

"则彼于嬉弄祖母之犬以后所得犬之观念(R_2),已摈弃其以前所得之观念R_1乎?"

"否。R_2之一部分为R_1之证明,盖彼益信犬为小而可玩要者也。一部分亦为R_1之改组,盖彼知犬之颜色有白有黑者也。"

"彼以后更遇大犬、黄犬、猛犬等,上述历程将继续不已乎?"

"然。凡后之R应用其前之R,而修正其阙误焉。"

"由此各种不同之经验,儿童乃注意于犬之不同的事实乎?"

部分之分化

"然。假如吠陀(犬名)伤其一足而不良于行,则儿童又有若何之观念?"

"儿童更有意的注视犬足,且知吠陀之能跑,必四足并用焉。"

部分之统合

"更析言之。儿童自是时而注意于犬足,时而注意于犬尾,时而又注意于犬眼。其犬之总观念中,复分析为此诸般个别之事项。此之谓部分之‘分化’(differentiation)。当儿之分化其观念之各部分也(如由犬之跛而注意及足),同时又感觉其各部分之联络(如吠陀须并用四足,乃良于行),此之谓‘统合’(integration)。分化与统合乃相辅并行之二作用也。”

“此与联续的结果有关否?”

“然。联续的结果,因之乃愈复杂。其部分愈分明,其部分之联络亦愈层出不已。”

分化统合相辅而行

“如君说,则儿童之注意犬之各部分,乃在有犬之总观念以后,而不在其前。”

“然。”

简与繁

“此与由简入繁之原则合否?”

“君意儿童之构成犬之观念,亦同于其以积木构屋,逐块层累而成之乎?”

“有何不同?”

“则且试为之。将由犬之足以构成犬之观念,则儿童先注意犬足,犬腿,而联络之。复注意犬身,而与临空之犬足犬腿联络之。其次乃加以犬头犬尾焉。如是则各部分之构成,乃在未有犬之全体之观念前矣。君谓然乎?”

“此妄谬之说耳。君何为侮人至此?”

“余何尝侮君,乃侮此种构成观念之见解而已。谓之妄谬,洵不诬也。”

“余滋不解观念之如何构成矣。”

“且回忆前所谓分化者,而想象儿童由犬之跛而注意其足,由足而注意其他。愈分化而前此观念中所不足愈显明焉。”

“此余所了解者。”

“但儿童自始即有一全犬之观念焉。”

“此亦当然。”

“则与以积木构屋不同可见矣。用第一块积木之时，固无全屋之可见也。”

“余今了解矣。儿童对于犬之经验，最初即为一全犬，其观念亦为一全犬之观念。始而简且不适用，迨各部分之渐分化，渐统合，则渐繁而渐适用焉。然其所经历，则自始至终为一全犬也。”

“君言是矣。”

“然此与心理的论理的问题何涉，君岂忘所讨论之主旨耶？”

“上所讨论，若离本题稍远。今且总括言之。在‘统治’之一观念中，自婴儿之幼稚时期，以至最高学者思想之成熟时期，其间经验与学习结果成一极长之级数，如下式：$E_1 R_1 E_2 R_2 E_3 R_3 \cdots\cdots E_{10} R_{10} E_{11} R_{11} \cdots\cdots E_{50} R_{50} E_{51} R_{51} \cdots\cdots E_n R_n$。”

“在此式中，E 为联续的经验，R 为经验中学习的结果。每一 R 起于前一 E，而为后一 E 之预备。今试就此级数而提起数问题讨论之。假如统治之概念，由婴儿期以至成人期发展而成最专精之政治学，则从前之 E 以至后之 R，亦有意识的目的乎？”

“吾意无意识的目的。儿童之由经验中学习，非有意于学习也。”

“在婴儿期固无意识的目的，至成年期如何？”

意识之地位

“如彼为专门的政治学者，则于政治的经验必为意识的研究无疑。即不为学者，而在实务上，对于政治的经验亦或为意识的思考，以求有益。则后期之 R，多少由意识的目的以得之者也。”

“在此经验与学习结果之历程中，父母或教师能有所帮助否?"

"能。父母与教师能助儿童得到正当的结论。承前此讨论之旨,则彼等又欲儿童得到志愿的经验与学习,且供给适当的材料,而使其得到较有效果之经验也。"

"何谓有效果之经验,经验之效果亦有多寡乎?"

"然。使父母与教师不予儿童以适当之援助,则儿童永不能企及无量数年期中人类所积累学习。故儿童之经验有赖于有识的指导也。"

联续的结果彼此有何分别

"如儿童之联续的经验皆属正当,有志愿,有效果,则其联续的结果彼此亦有别乎?"

"每一 R 为以前诸 R 之总积、补充与修正,既言之矣。此诸 R 之相续渐分化,渐统合,即渐有意识的组织。换言之,即渐进于论理的也。每一 R 既由以前诸 E 而得更充分之概念,而每一概念之构成,意识之作用渐多,其组织渐密,而其根据愈合理。所谓渐进于论理的者此也。"

"再提一旧问,每一 E 与其 R 何别?"

"E 与 R 非同物也。E 为生活中实际的经验;R 为心理之结果,乃经验中所学习者之整理与排列也。E 为生活,R 则生活中所学习者之条贯,用以制驭后此之新经验者也。"

"然则虽儿童期亦能为有益的经验乎?"

"然。人生之任何时期无不各有其学习,其学习之条贯,其论理。此联续的学习结果在组织之程度上虽有别,在其机能之种类上则无殊也。"

"君似认凡学习结果皆为'论理的',然否?"

"然。论理的排列为经验之最有效的组织。此在最幼之儿童学习中已见其萌芽。学习之本质,本为以后经验之制驭,则每一 R(学习结果)在彼一时期中,当然亦为论理的也。"

"如此推论,则君亦认凡经验皆为'心理的'乎?"

"然。结果为论理的组织,而经验在学习上为心理的组织。二者之界说,可由比较而得之也。"

"君于'论理的'一名词之用法,余仍不甚明了。论理之普通意义为最有训练之思想中,所运用之系统的组织。今君以与心理互相对比,而二者乃同视个人之发展以为差。则在每一心理的时期与经验,即其有论理的条贯矣。"

"此正如余意所欲言。"

"请再简括说明心理的与论理的顺序之别。"

心理的顺序之定义

"心理的顺序为经验与学习之顺序,论理的顺序则为整理排列所学习者之顺序也。"

"关于科学教材应否作心理的抑论理的排列之一问题,余既习闻学者之讨论,自觉粗有了解,窃愿再有以启发之。"

"请回溯前述 E_1R_1……E_nR_n 之级次。试问科学家与科学教师,其不同者何在,科学家在此级次之何端?"

"当在其末端耳。"

科学家之所务

"假定某科学家已达 R_n,而 R_n 为造诣最深之点。而此科学家百尺竿头,更进一步以 R_n 为依据,而计划其试验与观察(E_{n+1}),冀以思想之能力,从此新经验(E_{n+1})以得新结论焉。如其成功也,则整理结果(R_{n+1})公之于世焉。此科学家之所有事也。"

"余亦谓然。"

科学教师之所务

"试以科学教师与之比。某教师亦既循 E_1R_1……E_nR_n 之级次而达于 R_n,而欲教诲其子以达于 R_n,则何如?"

"其子年几何矣?所已习之科学几何?"

"君何为作此问?"

"教学必以儿童为起点故也。"

“君意儿童在彼级次上之某级，则应由某级以进行乎？”

“舍此更有何法？”

“君意极是。然寻常教学是否皆依此法？课本如何？”

“君何意？”

“较旧之科学课本是否皆取科学上最新之结果（R_n），简单叙述之。然后分章分节以解之，而教师则分为若干课而指定之乎？”

“然。余未尝考虑及此。”

“何故专指‘较旧之课本’，即最新者亦非如此乎？”

“最新之课本亦或如此。但究已有若干之变迁，如混合科学之编制，其一例也。”

“多数编辑家不照君法以纂集教材，何耶？”

“假定一物理学课本有 30 章。儿童之发展则已达 R_{10}，彼学习第一章（R_n 之三十分之一）时所得者为 R_{11}，学习第二章所得者为 R_{12}，如是类推乎？”

“否，否，此犹积木块而构屋，由犬足、犬身、犬头、犬尾而得犬之观念也。”

“正如是耳。试思儿童如是修习若干课之后，所得物理学之观念为何如？则论理的与心理的顺序之别，不难见矣。”

论理的顺序之教学

“论理的顺序，在取成年者之心理组织而截为片段，然后以一片一段分时授予儿童，意谓彼既尽得其片段，必能见其全体。然而妄谬甚矣。所谓由犬足、犬身、犬头、犬尾之观念以得全犬之观念者，君真善喻也。”

“几何学亦如是教法乎？”

“常如是教法，此亦几何学难教之一因也。”

“将 R_n 截为片段而分为若干功课，则儿童之学习不且限于文字表式之记忆乎？”

"然。儿童之E已非自身真切之经验，而仅为勉强记忆他人经验之结果。如是则真的思想，真能发明与探求的思想，且为之阻滞也。"

"儿童既无真E，必无真R(自己组织的学习结果)。然否?"

"然。此亦无可逃避之结论也。"

"儿童欲有真经验，则必将人类已得之文化一一自行发现之乎？此亦不可能也。"

教师之地位

"余何尝言儿童之经验可无适当之指导耶？教师之任务即在减少儿童暗中摸索之工夫，而仍使其应付主要之问题，组织其所求之解答。不如此则儿童永不能以此问题之解答为后来思想之工具也。须知知识可以授受者也。吾侪可告儿童以某种化合物为毒质，儿童可以此知识而避毒。然化学或医学决不能仅恃知识之授受以教学之。真有学力者，必先能解决实际的困难。一项专精之学术，非有一项真切之经验不可得也。"

"君前言儿童先有全犬之观念，其说与科学之关系如何？岂儿童学习科学时，亦先有全科学之观念，然后再分化与统合乎?"

经验为全体的

"物理学之观念不能于儿童初识下坠物体时即产生，亦犹之生物学之观念不能于儿童初见犬时即产生也。但真切自然之经验，无论其为一下坠之石或杠杆，必有其统一性，有其全体焉。虽自其年长者观之，则仅为一更大之全体之部分。而在儿童之经验时，所得者固全体也。幸而续得同类之新经验焉，则每一经验补充与修正其旧经验，而与之联合，则依然一全体也。于是而分化焉，而统合焉，最后则吾与子之所谓物理学者乃产生也。使此儿童更幸而续得其他新经验，与此经验之结果而为论理的衔贯。而分化焉，而统合焉，则虽造今日科学之极巅不难也。在此联续之历程中，每一经验与每一结果，虽自后观之仅属部分与片面，然自当时言之，则皆全体也。”

“R_n 之三十分之一，则非全体乎？”

“非全体也。硕学之士或能见 R_n 之一部之统一性，然亦仅见为更大的全体之部分而已。”

“余所问者为儿童，非硕学之士。”

“自儿童视之，则非全体，亦非部分也。”

“非全体是矣。何以谓其亦非部分？”

“使吾人不能见部分之合为全体，则当然不见其为部分也。自初学者观之，一部分乃一不了解之全体，盖亦不自知若何处置之也。”

“R_n 之三十分之一，其学习如何？”

“在硕学之士已知 R_n 之全体者，则学习其部分可得若干之新关系，亦真学习也。”

“然余所问者为儿童，非硕学之士。”

“自儿童视之，则既不能为全体，又不知全体之为何，则亦不能得其与全体之关系，有何学习之可言？其所谓学习者，亦记忆书本之文字而已。”

“彼不能记忆其观念乎？”

“严格言之，不能也。彼非由 E_1R_1……$E_{50}R_{50}$ 之历程，不能真得观念也。彼自其过去有关的经验中，或可得细微闪烁之观念，然严绳之，则仍为文字而已矣。”

“文字记忆易以自欺，而自觉其已学习乎？”

“自欺且欺其父母与师友，盖彼等亦遂认其为已学习矣。”

“君意此工夫全属浪费。儿童究之，仍一无所得。则旧教育中，又何从诞生多数之大师与学者乎？”

前人如何学习

"此有数说焉。一则此大师硕学，皆具卓绝之智慧。君见彼等之硕果仅存，而忘却大多数落伍者之湮没无闻也。二则彼等既有非常之才力，常亦能因少许直接之经验而得多量之结果也。三则彼等有极强之记忆，其以前所得之经验既能一一记忆，迨各部分陆续增加，而思想与实际经验亦往来参证于其间。其终则虽以错误之顺序而能得达 R_n 之点。自他人观之，遂谓为能学习全体也。"

"多数人之学习论理的排列之教材者，皆由此历程乎？"

"然。其能学习者，则由此历程。然多数人之修学者，并未能真学习也。"

"君于'学习'一动词，似另有特殊之界说在胸中。"

何谓学习

"否。余所谓'学习'，即前此讨论中所常用之意义也。凡未能将教材变化为自己行为之方法者，不得为已学习。儿童非能准照物理学之原则以制驭其行为者，不得为已学习物理也。"

"此理想甚高。欲实现此理想，则物理学之价值殆亦将增高。"

"此理想固高，然实亦学习之唯一的标准。不合此标准者，皆假冒的学习，自欺欺人者也。"

"物理学则如何？"

物理学之教材

"物理学之教材依此标准改组后，则儿童学习较易而所得较多。其向来假冒学习者，亦将舍其自欺欺人之术，而为谦卑切近之图也。"

"其谦卑而切近之学习则如何？"

"此学习之结果至少应能明了科学在文化上之地位，至少应更信仰科学所用之方法与所得之结果，而摈除一般之迷信也。"

"君意吾人今日犹有迷信乎?"

"然。同席而坐次为13,所居而门号为13,行旅而启程在金曜[1],则其惴惴者几何人?"

"恐正不在少数。"

"疾病而求秘方或'灵药'者,又几何人?"

"恐又不在少数。"

"君所希望于科学之教学者,仅此上述之结果乎?"

"否。余又望儿童至少能运用科学上试验的方法,且能遇事有试验的态度。"

"如是而已乎?"

"否。余绝不认学习之结果仅恰限于吾之所期望。余所能言者,果能如此学习而得诸结果,则于多数人之教育上必为一大进步也。"

论理的顺序应摈斥

"君既严斥论理的顺序,当然不赞成今日文法之教学。"

"然。文法之教学正代表余所摈斥者也。"

"君于各科教学中,殆皆不主张界说之记忆。"

"然。余闻某教师要求儿童记忆界说或定义时,即可断定该教师见解之差误矣。"

教材之心理化

"余尚有一问题,何谓'教材之心理化'?"

"此指教师预备儿童学习之一种工作。以科学言之,则取科学家所已得之 R_n 而推演之为 $E_1R_1E_2R_2E_3R_3$ 之一级次,然后从儿童现有之经验导之于联续之经验(E)与学习(R),至能得该科学之全体为止。此种就儿童现有之境况,由心理的顺序而导之于有组织的经验之工作,谓之'教材之心理化'。"

"最后一问题:君此番讨论似专指科学,亦适用于其他各

[1] 金曜即星期五。——编校者

学科否?"

结论

"然,各学科皆适用之。中学科学之教学应以多数实际的经验为起点,而采取混合教材之编制。地理亦然。推之文法、公民、历史,亦无不然。必改组其论理的排列为心理的顺序。务使学校课程成一经验之级次。而指导儿童由经验以自得其组织与条贯焉,然后为能学习而应用也。"

"今日所谈,足资深省者甚多,诚极有价值也。"

第十九章

道德教育

"余对于道德教育愿加讨论。愚以为欲使教学法日趋完善,则对于此项问题非了解不可。"

"君言良是。余尝怪此项最重要之教育问题,何以迄今乏人讨论,不知何日始有人注意及之也。"

"我等何尝忽视此项问题哉?凡余等讨论所及,辄注意于此。"

"然则我等会于何时讨论及之乎?"

道德教育普遍于以前之讨论中

"关于道德问题,余等最初即讨论及之。在讨论方法之意义时,即注意学习之影响于品性。君当犹忆吾人所讨论之附学习。盖人之品性,大都根于学习而来也。"

"余等又尝讨论强制及兴趣之启发,以为道德教育首在启发人之正当兴趣。"

"然。当余等讨论分裂的自我,以为此等现象足使人之品性薄弱,使人之见解及反应迟钝。又余等论内的与外的激诱之分别,亦曾论及其对于品性之影响。"

"余等讨论惩罚问题时,对于道德方面特加注意,以此为最重要之问题。子当尚记忆之。"

"经君提及,余亦记忆。余愿将道德教育特别标出,加以讨论。然余以为讨论养成品性问题时，余等所引心理与前异致。”

“如君以为讨论道德问题时，所具心理与前异致，则君误矣。盖品性之养成，由于学习律之径途与应用，与他事物初无二致也。”

道德教育之目的

“然余对于道德教育之目的颇有疑者。或以为品性，或以为行为，不知二者之中究应以何者为目的？”

“二者皆是也。”

“有说乎？”

“此二者孰为因，孰为果，请君自思之。”

“余以为人之品性殆出于行为欤？舍此殆无由矣。”

“余之说适与子说相反。人之行为，盖由其品性中流出。故语曰‘品性之行为’。”

“余又言君之说与我之说皆是也。”

“余愚甚，不解此理。请申说之。”

“易耳。今试问鸡在卵之先乎，抑卵在鸡之先乎？循环而已矣。然置一鸡一卵于我之前，我不曰此卵生此鸡也。将曰：某鸡(h)生此卵(e)；此卵(e)又生一鸡(h′)；此鸡(h′)又生一卵(e′)；此卵(e′)又生一鸡(h″)；以至于无尽如下式：

$$\cdots\cdots h\ e\ h'e'h''e''\cdots\cdots$$

品性与行为之连锁

我人一生于世即具有品性(C)之初基。此自然之品性与外界相接触，而行为(c)生焉。然此项行为(c)即将其固有之品性(C)略为变更，而新品性(C′)生焉。因此新品性(C′)与外界接触，而行为又生焉。然唯因上列新品性(C′)与前者异，故此项新行为(c′)亦随之而异。此可以下式表明之：

$$C\ c\ C'\ c'\ C''\ c''\cdots\cdots$$

由此可见，行为者，发生于品性，而化成新品性。品性之一部又发生于以前之行为，而化成新行为也。”

“然则此等现象何时已乎？”

“终身无穷也。”

“然则二者之中，应以何者为目的乎？”

“应以二者均为目的，而二者中尤宜注意于行为方面。行为者，品性与环境之相互作用也。吾人虽不能直接影响品性，然未尝不能变易环境。环境变易，而行为亦因之而受影响。行为受影响，则品性亦间接受其影响，而后来之行为，遂亦不得不受其影响矣。故吾人当先正其行为，以养成正当之品性。庶几由此新品性中，亦可发生正当之行为也。”

行为为直接目的

“然则君之意以为吾人之影响行为与品性仅系间接，而影响环境乃系直接乎？”

“然。”

“然则吾人之目的，虽含道德或形而上的性质，必须运用形而下者为入手之方乎？”

吾人可直接制驭之事物

“是也，犹之吾人言语时运用空气，写字时运用笔墨，笑时运用其面目也。”

“此说也，余不甚赞同。以其并非含道德之意义。且与道德之意义相左。”

“顷所述形而下者，诚非含有道德意义。然超此而上，则入于道德问题矣。”

“此说余不甚了解。”

“余以为凡形而下者，亦未始不能入吾人品性之中。所谓道德者，品性反应情境之趋势耳。”

“然则应以品性为目的乎？”

“吾人应直接注意于行为，行为合于正矣，品性将不求而自正。”

道德教育之三种目的

“然则道德教育实含有三种目的：曰目前之行为；曰品性，即行为之结果也；曰后来之行为，即品性之结果也。”

“余意上列三项，首二项可称为教育之目的，第三项可称为人生之目的。”

“然吾人当考求后来之行为，视为教育目的，固无不可欤？”

“是也。由此观之，教育之目的与人生之目的，似不必截分为二。”

“此即余等以前所谓‘教育即人生’之义欤？”

“然。顷所论者，益足证前说之非诬矣。”

“如君之论，以为我人第一目的在乎注重正当之行为，以培养正当之品性。然此说也，果有人注意及之乎？试观寻常人之戒儿童勿吵闹者，其目的在禁止其作声，而不在变化其品性也。”

父母之静适

“请问此等父母，其目的为谋儿童将来之幸福乎？抑为谋其自身之清静安乐乎？”

“彼殆谋其自身目下之清静安乐耳。”

“虽然，任儿童之吵闹他人，使烦扰不安，亦非所宜也。维新之士，辄以为儿童可任其恣意所为，此说余亦未敢赞同也。儿童在余之侧，余愿‘见其人而不闻其声’。”

“君对于他人之意见臆断，无乃太速欤？父母师长之约束儿童，命意所在，余等不妨再略为讨论之。”

“如谓大多数父母师长，以本身之清静安乐为前提，而忽略儿童品性上之需要，余亦未敢信之。”

“此等问题，欲统计而研究之，势不可得。然父母师长之以本身之清静安乐为前提，而忽略儿童品性上之需要者，固不乏其人也。君以为然否?”

“然。”

“时常如此乎?”

“然。”

“则余等即可将此问题申论之。”

二种制驭行为之方法

“以余观之,欲使儿童不吵闹,欲使其敬他人之权利,顾他人之情感,有二法焉。一为恐吓诱骗;一为改革其品性,使彼等情愿敬他人之权利,而顾他人之情感。”

“二者之区别,异常重要。二法之中,究应以何法为合于道德教育乎?”

“当然为第二法。”

“第一法实与道德相抵触矣。”

道德教育求制驭品性

“第一法恐吓诱骗,仅能影响及于向之所谓形而下者,至于第二法,庶能改革人之品性矣乎?”

“余以为二法不同之处,一为外的激诱,一为内的激诱。”

“二法之中,其一求之于外,其一求之于内。恐吓诱骗,求之于外者也。所谓第二法者,求之于内者也。”

“求之于内,庶可使个人之需要合于社会之需用乎?”

“然则所谓第二法者,乃预备个人入社会之要法也。个人之需要,既合乎社会之需要矣,则知个人之于社会,其利害实相共也。”

“欲求达此目的,殆非改良现今社会制度不可乎?”

个人与社会

“然。欲求文化之发达,则社会制度必以公益与公共之快乐为归,而同时必使个人乐于服从此等制度。此二者实为人群之永久事业也。”

“向者所述父母之禁止儿童作声,其各种态度可得闻欤?”

“余以为父母态度可分二种:其第一种目的纯为禁止其

作声,而不顾其品性上之影响;其第二种目的为养成儿童良好品性。介乎此二者之间,为父母者尚可取他种态度。”

管理儿童之二种方法

“二种态度之中,应取何者?”

“此应比较二者之价值与结果而定。为父母者,固望其儿童不损他人权利,不伤他人感情。然亦望儿童之能养成良好品性也。”

“以余观之,二者本无矛盾之处。吾人固能使儿童练习敬他人之权利,顾他人之感情。则彼等既守静默,又获德育之益,实一举而两得也。”

“余尝论儿童应使其敬他人之权利。如不从,则强迫之。如再不从,则惩警之。为父母者,应取坚决之态度也。”

静默或受惩罚

“此说之然否,姑暂不论。如今有为父者,夜读甚倦,其儿忽大声扰之。母戒之曰,此时我等应静默勿声,使父亲可以休息,得家庭之乐。儿乃静默片刻。旋又作声。其母戒之如前。若是者三次,父乃斥之曰:‘汝母已屡戒汝矣,乃汝犹不悛。余今为最后之警告。汝如仍不听,余将有以惩汝者。’于是诸儿乃默不敢作声。若此父者,其所以责儿,果以其品性为前提乎?抑以己之清静安宁为前提乎?”

“彼以己身之清静安宁为前提也。”

儿童所练习何事

“此颇似之。然余犹未敢强为臆断也。请问此儿所练习者,果何事乎?”

“彼练习静默而已。”

“余等所应注意者,为养成其良好之品性。夫彼之所以静默者,为体其父亲之劳倦乎?抑为惧其父亲之发怒乎?”

“此问可谓中肯矣。”

“彼其所以静默者,为畏惧也无疑矣。”

“于此可证练习静默者,未必即为练习良好之品性。”

“今试观吾人之家庭与学校。其教育儿童也,果能练习其心乎,抑仅练习其身也？夫外表之静默,练习其身而已,服从命令而已。儿童之心意,固未及察也。此类问题最为重要。”

“使儿童养成良好之品性,应如何入手？请君有以教之。”

习惯与品性之关系

“请先论品性与习惯之关系。世人往往误以二者为一物。以余观之,习惯者,机械之物,限于身体上之动作者也。”

“严格论之,凡吾人所学习之行动举止,以及思想与感情之作用,均包括于习惯之中。所谓品性者,集习惯而成者也。以吾人应用的习惯结合之,组织之,斯成品性矣。”

“然此项组织独非习惯乎?”

“然。习惯既结合矣,其作用乃与品性有关。”

“君不言习惯而言应用的习惯,何也?”

“凡已发现于人之行为者,即可谓之应用的习惯。论品性者,不得不注意于斯。”

“余等本在讨论品性,今君不论品性,而论习惯者。何也?”

学习律

“吾人讨论学习与如何学习,辄与习惯有关。习惯者,因感应结 S→R 而生。明乎养成习惯之道,始明乎养成品性之道矣。”

“然则吾人应从何处入手乎?”

“余以为有三律焉,一曰练习律,一曰效果律,一曰联想之迁移律。”

“然则君何不举昔所常言之心向及准备乎?”

“二者亦不可少,以吾人论学习时,辄以二者为本。”

“何谓练习律?”

“所谓练习者,可从反面解释之：凡人之品质上习惯,非多经练习,则不能养成。”

"此论似平淡无奇。"

正确的练习

"姑无论其平淡无奇与否,然能实行之者,实鲜其人。余意可以五字蔽之曰:'正确的练习'(Precise Practice)。"

"此论余不甚解。"

"试举前例中言,父亲之责其儿者,其目的为教儿体谅其父乎? 抑为教其畏惧乎?"

"为教儿体谅其父也。"

"君何以必欲揣度儿童之心意乎? 其父所欲,在儿之安静无声。果能如是,则练习得其宜矣。又何求?"

道德行为之本质

"君之疑问,实为道德之本质。盖道德之行为分二部:一为外表行为上之影响,例如儿童之静默无声;一为思想与态度,或谓之动机,或谓之本意,此与外表行为相表里,而归于人之品性。"

"然则思想与态度,其可以定行为之善否乎?"

品性之统合

"此说是矣。明乎此而可言道德矣。易言之,我人应有统一的自我,我人当统合并组织品性中之习惯,俾品性完整,发而为嘉言懿行也。"

"君之所以注意于思想及态度,殆即为此乎?"

"然,抑更有进焉。今夫儿童之静默不作声,其所练习者,为爱乎,为恨乎,为体谅他人乎,为畏惧他人乎? 是未可知也。余等固愿为父得安静,然同时亦愿儿童养成仁爱之性,体谅他人之心,而发为正当之行为也。"

"此即君所谓正确的练习乎?"

"余之意以为欲养成一种品质,如仁爱,则必自正确练习仁爱始。"

"然则如儿童练习忿恨与畏惧,则决不能养成仁爱之性矣乎?"

"信然，谚所谓'种瓜得瓜，种豆得豆'是已。"

"君对于大多数之学校训练，有何意见？"

"余以为大多数之学校往往不能使学生练习良好之品质（行为之结果），甚至使学生练习恶劣品质者有之矣。"

学校训练之一种普遍失败

"畏惧与小心不同，小心果为重要之品质，然向之所谓畏惧者，小儿外表虽似驯良，然其心中目的不过求免于惩罚而已，非出于爱敬其父也。"

"然则此种畏惧，其流弊乃为自私自利乎？"

"然。"

"其父竟使其儿童练习自私自利之行为乎？"

"余意如是。"

"君之说有效果为证否？"

"人生至为复杂，必欲指若者为因，若者为果，颇非易也。"

"虽然，请试言之。"

"试观吾美国之政治社会中，自私自利之行为不胜枚举。小人之无忌惮者，往往徼倖以求成，此等现象攸关公民性，不得不归咎家庭学校训练之不善也。"

公民性之不良结果

"现在家庭学校中训练法，与向者所述父亲训儿之法，适相类乎？"

"然。现在所用训练法，不过使儿童表面不作声而已。"

"然欲使儿童静默，舍强迫之方，其道又奚由哉？"

"此说或是。然余所坚持者，即向所谓'种瓜得瓜，种豆得豆'之意，欲养成良好品性，非从正确练习入手，其道无由也。"

"然则道德教育之旨，首在内养其心之态度乎？"

道德教育极有关于态度

"子得之矣。"

"仅仅改良外表之行为，犹不足乎？"

"然。"

"然则君殆反对禁止作声之命令与违心之服从乎?"

"余深恶之。"

"君果深恶小儿之静默乎?"

"余不恶其静默,然恶其求静默而损品性。"

"昔者君尝言儿童应教以练习负责,此即君所谓正确练习之意欤?"

练习负责任

"然。余愿儿童养成其责任心,并练习担任各种责任。"

"君之说是矣。抑余犹有疑焉,君用'自私自利'、'体谅'及'责任'等名词。然余闻心理学家言,用此等名词切宜审慎也。"

用普通名词之流弊

"子之说诚是。盖此类普通名词往往令人误解。夫使儿童练习捐除自私自利之见,诚是矣。然在某事某时,有利人之心,未必随时随地即能去为我之私也。"

"训练之转移律(law of transfer of learning)非适用于此乎?"

"如于一时一事能练习捐除自私自利之见,则遇同类之时与事,可以转移。然苟时异事迁,则恐未必能矣。"

"然则君之意,应使儿童每做一事,即练习捐除自私自利之心乎?"

"诚然。"

"若随时随地能使儿童练习以忠恕待人,则久之儿童自能以忠恕治己接物,扩而充之乎?"

概括

"是说也,学者各异其词。余意果能照此训练儿童,则彼年长时,当能概括其理,扩而充之矣。然扩充之道,亦在持之以恒也。"

"使儿童躬行练习之外,复以名词晓谕之如何?"

"此良法也。如教儿童做事公平,则应教以何谓'公平',

何谓‘不公平’，何谓‘平律’，俾儿童能概括此类名词之观念。”

“儿童之道德观念愈深，则转移扩充愈易，君以为然否？”

“然。”

“可见道德教育，当随儿童之年龄为变迁乎？”

“诚然。”

道德教育依儿童之年龄而异

“顷间余等将儿童之行为与态度分为二物。余意儿童年幼之时，训练之法宜简而明。如命之曰，勿擅取父亲之书籍，勿擅动此墨水。迨其少长，然后以理喻之。”

“然儿童练习一事时，不当使其有高尚之动机乎？”

“高尚之动机固不可少，然应就儿童之所能行者教之。”

“君之意以为应就儿童所能行之中，择一较为高尚之目的乎？”

“此问题颇不易答。余意儿童之训练不宜过严。与其骤教以困难之事，不如循序渐进，由易而难之为愈也。”

“由易入难，其效果能完善乎？”

“其效果能使儿童受无形之感化。盖训练儿童者，应使其心领而意会，应使其爱我，应使其知我之公平而无私，慈爱而可亲也。”

“然则君之所注意者，为儿童自幼至长之思想与态度乎？”

“然。”

“以上所谈，已告一段落，余等今可讨论效果律矣乎？”

“请俟之异日。”

“请将今日所谈者，作一结论可乎？”

结论

“道德教育为教育之一部分，未可分而为二。此旨也，余等从前讨论教育问题时，已注意及之矣。凡人一举一动，皆发生于品性，而新品性亦萌于斯。夫品性，形而上者也。行为，形而下者也。形而上者，往往非吾人所能自主，则唯有先正其行为，以求养成良好之品性。然谓道德教育之宗旨，在养成良好之品性者，其说亦未为不是。苟品性不良，则良好之行为无可望也。惜今之为人父为人师者，往往不明此理，仅注意于儿童表面之行为，而不知养其品性，甚者桎梏其品性，戕贼其品性，以求一己之安静者有之矣。”

“习惯者，品性中之单位原质也。欲养成良好之品性，必先养成良好之思想习惯与感情习惯。欲达此目的，非练习不为功。欲使行为化成习惯，习惯深入品性，非正确练习不可。故训练儿童，不独当训练其外表之行为也，必注意其思想与态度焉。儿童年龄愈长，则内养之功愈不可忽矣。”

“下次余等可讨论效果律矣乎？”

“然。余等并可讨论联想之迁移律。”

“余觉道德教育问题至为复杂。”

“其中之意义，本无穷也。”

第二十章

道德教育(续)

道德教育中之效果律

“今日余等将讨论道德教育中之效果律。”

“于讨论此问题前,余有问焉。余今有一种感想,以为道德教育,在父师者,常自以为能管理其儿童,实则其效用与其所意想者大相悬殊也。”

“君之言命意何在?”

父母之管理儿童仅属间接的

“今之管理儿童者,往往断断然曰,儿童非学此不可,非学成良好品性不可。不知幼小儿童,其自己之思想与感情最为重要。父兄之教,其影响于儿童者,间接而非直接也。”

“此说甚是。儿童自己之思想与感情,决定其品性中之最要之分子也。”

“君以为儿童之感情与思想,往往非父兄所能管理乎?”

“然。”

“然则吾人无从强迫儿童,使练习其感情与思想乎?”

“然。常见儿童之意志不合于理,为父母者竟无法可使其回心转意焉。”

“上次余等尝讨论正确的练习矣。父母之无法使儿童之合理者,亦以其未能使儿童得正确的练习也。”

“然。尚有他种原由乎?”

“余以为父师之能力有限，更可以效果律证之。”

“此言何谓也？”

“以效果律言之，凡儿童之行为，或成习惯而影响其品性，或一经试行而遽生厌恶，均由儿童自定之。”

“此指儿童之满足与烦恼而言耶？”

“然此二者，盖为父母之命所不能及也。”

“吾人用诱骗恐吓之方法，或能使儿童之表面行为循规而蹈矩，然其心中固未必满足也。”

“非特不满足也，彼或且有厌恶之心，而吾人之努力适徒增其厌恶而已矣。”

“此言诚然。”

“吾人既不能管理儿童之行为，将为之奈何？”

“吾人既不能强制儿童之行为，则应另想他种方法而已。”

“余等以前讨论时，会将儿童之行为分为二种。君尚忆及之否？”

“请申论之。”

“其第一种行为，由他人之恐吓或诱骗而发生。其第二种，由自己之志愿而发生。”

儿童之二种行为

“于此二种之中，道德教育应择何者？”

“当然取第二种。今有诚实之人，其所以可敬者，以其心厌诈伪而喜诚信耳。若仅貌为诚实，即不足贵矣。”

“今欲养成诚实习惯，非练习不可乎？”

“非仅练习而已，必也有满意之练习，然后可。”

“君赞成‘练习而得满足’之说乎？”

“然。”

满意之练习

“满足的练习，实同时包含‘练习律’与‘效果律’之意义乎？”

“然。抑更有进者,‘满足的练习’者,犹言愉快之影响。此盖效果之一种也。反而言之,尚有‘烦恼的练习’,此种练习能令人生厌恶心。”

“以上云云,殆益可证明父师对于儿童之势力,甚为有限乎?”

“是矣。盖儿童之满足与烦恼足以定其行为与品性,非他人所能定也。若为父师者,既不能使其儿童练习某种行为,又不能于其练习时使之满足,斯真束手无策矣。”

“然则为父师者当若何?”

“彼等可助儿童使之练习,并使之得相当之满足或烦恼。” 父师之所能为者

“助之之法奈何?”

“与儿童以相当机会而已。”

“如何而可使儿童得满足耶?”

“此亦在与之机会而已。”

“请申论之。”

“余以为道德者,人与人相处之法也。人与人相处得其宜,而人人得享最大之快乐,则道德之目的达矣。” 道德之意义

“夫培养道德,即练习吾人生活乎?”

“此与鄙意相合矣。欲培养儿童道德,必使其有机会可练习社会中种种生活。”

“然余等对于儿童,似应教以何者为是,何者为非。”

“此说极是。余意儿童应使其有练习之机会,同时应使其辨别何者为是,何者为非。当其行为是矣,则当使之喜;其行为非矣,则当使之悔也。” 辨别是非之练习

“余今乃悟君所谓满足的练习矣。”

“余意当儿童练习正当行为时,应使其有满足之结果;练习不正当行为时,应使其有烦恼之结果。”

“吾人应设法使儿童辨别是非乎?”

“然。然苟能使其自悟则尤佳。”

“君意以为儿童有团体生活,则易于悟是与非。盖在此种生活中,其事之可行者,可知其为是;其事之不可行者,可知其为非。”

“儿童在团体生活,固自能学习。然为父师者,当尽指导之责也。”

“余今乃明君之命意矣。所谓指导儿童练习者,即予以团体生活之机会耳。”

“吾人应指导儿童,使其喜悔得其时。并指导之使知事物当然之理。”

“君之意以为人之生活为道德之基础乎?”

“然。”

“君之意为道德上之训诲与责罚非道德之基础乎?”

责罚犹药石为救急之用

“训诲与责罚虽不可废,然欲仅恃此二者培养道德,斯不可能者也。夫训诲与责罚犹之药石,人不幸而疾病,始有赖夫医药也。”

“余以为吾人将讨论效果律。”

“吾人向所讨论者,即效果律也。此律实包括于正当之群居生活中。”

“此说余不甚解。”

“今有群儿戏筑一屋,甲儿置铁槌于地稍息,乙儿窃取之。甲儿必觉愤怒。于是环境中遂起社会压力。此时教师之干涉以愈少为愈佳,但须注意群儿有正当之辨别力,及决定正当之办法。倘乙儿或仍固执己意,群儿将令其受群众之判断。乙儿之错误遂引起其烦恼矣。”

团体工作包括内在的道德教育

“然此儿之从众,乃迫于公论而非出己意也。余将名之曰强制。然则教师何不早为代决之乎？教师之辨别，固较群儿为清晰。余未见团体生活之需要焉。”

团体生活之助

“有团体之生活始有取槌之机会。团体工作愈纷杂，则练习团体道德之机会亦愈多。取槌一事为合作步骤中错误之一端耳。其余诸事皆足以使儿童练习而满足，即足以养成其社会习惯焉。”

“但取槌之事非仍属强制乎？”

“此问题前已论及矣。取槌之儿，其初未始无心向。倘反对之者为教师而非群儿，则彼将继续其心向。倘诸儿与彼取一致态度，则彼亦将继续其心向无疑。今全体反对之，彼之相反心向渐趋柔弱。而翌日愤怒与反对均消灭于无形矣。”

团体活动中道德教育之丰富

“凡团体生活一千例中，九百九十九例之不含社会压力者，皆足以教育道德。余初未尝思及之。盖余仅注意于第一千例耳。”

“在九百九十九例中，吾人所学得之事，固已不少。但在各种团体生活中，必有新境遇、新情形、新关系，异于旧环境、旧材料者。倘应付适当，即足以有积极道德上进步也。”

“吾人愈注意环境中情境，则所学习者愈善，君以为然否？”

“大致如此。凡意识的注意，其结果或为正当之判断，或为错误之判断。然而正当之判断必多于不正者，此所以有积极之学习也。”

“倘教师敏捷有智，团体中个人虽有错误之判断，其多数人之判断必皆正当焉。其多数人之注意必皆有意识焉。个人虽或有错误之行为，其全体仍有道德上之进步焉。”

“君对于积极道德学习之比例，以算术法讨论之，极有兴趣。余前此未尝思及之。”

“但积极之道德学习非全赖于团体生活之机会乎？”

“然。大致寓于团体工作之中。”

“铁槌一例，非可证明吾人应供给机会，且指导儿童，使知道德上选择之方乎？”

“然。”

“‘正确的练习’、‘练习正当而满足’、‘练习错误而烦恼’三者意义皆寓于其中乎？”

“诚然。”

“余仍有不解之处。”

“君何所指？”

强制亦可有用

“儿童于父亲疲劳时不能静默。今即使之因恐惧而静默，非胜于不顾父亲之权利与感情乎？倘彼实习不顾父兄之权利与感情，而父兄放任之，彼不将练习错误而满足乎？”

“有时或如此，吾人诚不应使儿童练习错误而满足也。”

“此非使道德教育之问题益形复杂乎？”

“然。但吾人已三复言之。父师应使儿童练习正当则满足，练习错误则烦恼。君所谓问题复杂，庸或有之，但未尝有新原则也。”

“儿童因恐惧而静默者，较诸儿童之自私而不顾父兄感情者，非易于学习体谅他人而静默乎？”

“君说颇是。此等事或未始无之。”

“此非联想之迁移(associative shift)之一例乎？”

“此说或是。”

道德教育中之联想之迁移

“君所谓联想之迁移者，非初做一事由于一种动机，因迁移之故，虽由他种动机亦做此乎？”

“此即所谓联想之迁移。但联想的积极分子必存在，否则不能有联想之迁移也。”

"余未明君意。"

"君犹忆犬之一例乎？彼口涎流滴，由于肉之置于口中，同时铃声大作。二事联络，而多次同时发现，及后犬虽仅闻铃声，口涎亦流滴矣。迁移如此而成，而联络为重要原质也。"

"君意谓儿童初因畏惧惩罚而静默，后因体谅而静默欤？"

"然。但儿童须年幼，且体谅之思想常有所联络庶可也。"

"何以须年幼？"

"稍长之儿童，其辨别力较良。彼深知第一例中，因恐惧而静默，必不能有所迁移也。"

"然则并不一定有迁移乎？"

"不一定。"

不一定有迁移

"奖赏与褒荣与此亦有关系乎？"

"然。"

"君反对之乎？"

"以大体论，余将应曰，然。"

"奖赏与褒荣时或与联想之迁移有关乎？"

"或者有关。"

奖品与联络的迁移

"然奖章及荣誉，可使儿童做良好之事。既做而此事发生直接之兴趣。则迁移成矣。"

"君赞成此法乎？"

道德教育与养成兴趣

"赞成二字，未免过甚。倘初因奖励而做一事，及后果能发生直接兴趣，而此外又无较良之法以养成此种兴趣，余始赞成之。"

"君名之曰养成兴趣乎？"

"然。最要者为在儿童品性中养成一种品质(trait)，使此后儿童自愿做此事焉。"

"君意谓奖章、荣誉、奖品等，犹建筑时过渡之棚架乎？"

奖品与荣誉犹建筑上之棚架

"诚然。吾人建筑大厦时,如先设棚架,为最良之方法,似不妨用之。然吾人之目的在房屋,此棚架必终归拆毁也。"

"倘拆毁棚架时,房屋亦倾圮,吾人非失败乎?"

"诚然。此为极良之试验。"

"余愿吾人再探讨道德问题。余不知习惯占几何,思想占几何,更不知习惯与思想中,以何者为前提。"

道德教育中之习惯与思想

"何者为前提,半以学习者之年龄而定。于极幼之儿童,吾人所可得者,只有习惯,儿童稍长则渐有思想,再稍长而有道德之考虑矣。"

"君以为思想在习惯之后乎?"

"以年龄渐长而论,此说是矣。然更有进者。"

"君意谓成人第二次、第三次遇同一环境,无所用其深思熟虑乎?"

"然。使余为年长者,行经水果肆,于肆主不注意时,意欲窃取其橘。经考虑后,乃以不取为是。君以余之诚实为如何?"

"余觉不能信任此等人焉。际此年龄早应知取舍之道。"

"君以为道德之考虑,昔者虽属必需,今应化成固定之习惯,而无复犹豫乎?"

"余今乃知道德中习惯与思想因时而异焉。"

"请君再申说道德之考虑可乎?"

道德之考虑

"余深愿之。其历程与前所讨论思想之全程(complete act of thought)略同。唯尚有新异之点,足供讨论。当吾人有相反的趋向时,始有道德的考虑。倘吾人必须动作,而无适当之道德的行为,不知如何而可保全各种价值。于是审择各种相反之动作,并自计曰:'设余做此事,则影响如何?'既将每一方法推想深究,然后比较相反之途径及预测之结果,而选择其最良者焉。”

“二种相反之途径及所望之结果,吾人如何决定之乎?将何以知孰优孰劣乎?”

“此间之答复,实在伦理学范围中。孰优孰劣,视乎各人之哲学而决。易言之,既依其人之态度而定也。”

“既选择矣,又若何?”

“倘良好之道德品性已养成,则自有适当之反应。人之行为,全视此为转移焉。”

良好道德品性之原质

“在良好之道德品性中,有三事焉:(一)对于环境感觉之机敏;(二)有道德的考虑,以决定应做何事;(三)实行其所决定者。”

“其一与其三使余思及感应结 S→R。”

“何也?”

“感应结 S→R 之反应愈敏于感受刺激,则练习而得满足之次数愈多,时间愈省。服从刺激,则愈敏于感觉,反之则愈漠不关心也。”

“甚善。其三又若何?”

“其三注重于感应结 S→R 之又一方面。S 与 R 之联结愈固,则吾人反应(R)一种情境(S)愈易。”

“由此观之,吾人于道德范围中,应组成无数感应结 S→R。既组成矣,吾人在无论何种环境中,于道德方面当敏于感觉其需要。倘需要之结果不相反,吾人然后可反应目前之刺激也。”

“君以为倘适当感应结 S→R 之联结已预先组成,则吾人易于反应刺激乎?”

“然。”

“吾人在感应结 S→R 中,若有相反之感应方法,岂非需考虑乎？”

“然。所考虑者，在吾人对于环境作何反应最能满足其需要也。”

“吾人既注意于感应结 S→R 之概念，似可复述前论，以示道德教育之途径焉。”

“将如何复述之乎？”

良好道德品性之三要项

“余意谓应养成三事焉：

一、有丰富之观念，以表述各种道德情境。

二、有判断之能力。以决定何种观念最合于情境，及何种反应最为适当。

三、有丰富之反应，与上述之各种观念相联络，当某一特别观念已选定时，即有适当之反应。”

“君以此为道德教育之程序乎？”

“然。”

“上述各种观念，其中亦有数种，内容较他种为丰富乎？”

“然。以感应结 S→R 言之，凡第一项下之观念，皆可当作刺激 S。而其程度至不同，小之仅简单的符号，大之则为哲学之体系焉。”

“各种反应 R 亦如此乎？”

“然。反应之程度亦不同，小之仅一颦一笑，大之则为促进文化之精密计划焉。”

“君既名之曰道德教育之程序，将如何实施之乎？”

“余愿利用机会，造成各种观念及适当之反应，并发展各种能力以判断之。”

“观念亦能为判断之助乎？”

“然。观念为实行判断之基础。但实行的能力亦必须发展也。”

"观念将如何造成之?"

"当儿童初见一事物,闻一名词,必有粗浅之观念。以此粗浅之观念为胚胎,再有机会以试验之,而(甲)能辨别其优劣及适当与不适当;(乙)存其优而适当者,除其劣而不适当者。"

在道德范围中如何造成观念

"余以为吾人以前心理的与论理的一段讨论,适用于此。"

"诚然。心理的与论理的交相为用,亦即造成适当意义之经程也。"

"此二种造成观念之方法非相同乎?"

"然。每一后起之'论理的'为观念,而每一后来之'心理的'为观念之试验。"

"凡此皆为实在之经验乎?"

"然。为各种实在之经验。"

"君意吾人不能由他人之经验,以造成观念乎?"

"否。此问题前已讨论。吾人仅能用他人经验之一部,然必有大部自己直接之经验为基,且应于自己经验之事实中,试验其所成之观念也。"

"书籍、故事、图画等之效用如何?"

"以造成道德中之观念及练习判断此种观念而论,书籍可有极大之助。文学、历史、名人传记等,亦皆供丰富之材料也。"

书籍、故事、图画之用

"君意以其用为有限制乎?"

"余意谓欲造成上列程序中之第三项(即丰富之反应),实以自己直接经验为必要。吾人非从反应中无从学习反应,此其限制也。书籍等所报告,仅无色彩不实在之反应而已。儿童阅书后,或亦有所观感曰:'倘余有此机会,余将如此做为。'此亦诚有影响,决不如实在情境中之实在反应为大也。"

道德的反应如何造成

"然则君之道德教育结论,非吾人应有多端生活情境中之实际练习乎?"

"然。应有繁富复杂之社会生活经验,以引起吾人充分之生活反应也。"

"然则当改革吾人今日之普通教室乎?"

普通教室不适于道德教育

"诚然。普通教室,桌椅有一定之排列,功课大都恃书本之记忆。各种问题皆教师代决。此种学校环境,供给实际生活之机会甚少,直使儿童有道德上之饥荒焉。"

"此所以道德教学及公民课程为今日极大之需要乎?"

"此甚有关系。假如吾人欲谋一阻止道德发展之制度,殊莫善于今日通行之教育法也。"

"君以为现在地方公立学校不足以养成道德乎?"

公立学校与道德教育

"非也。公立学校有极大之可能。"

"君意谓有可能而未克实现乎?"

"诚然。"

"然则应如何?"

教育有改革之必要

"改变教育局长、指导员及教师之态度,使能知真价值之所在。不宜偏重技能与事实而窒碍其他,宜使学校为社会机关,而鼓舞儿童合作的活动。变更外的教材为内的教材。寻求活动之足以引起儿童最深之兴趣及最大之努力者。凡此活动中,又宜使儿童敏于感觉生活中之道德各方面,并随时利用机会,使儿童养成对于团体价值之责任心也。"

"凡君之所言,余均悦服,但余犹以未闻讨论责任为憾。君岂不以为儿童应养成责任心乎?"

责任在道德教育中之地位

"以良好之方法养成责任心,此为道德之至宝,余甚然之。"

"君对于此问题似态度冷淡。余以为责任即非道德之全部,亦为道德中最要之事。"

"责任在论理的意义上或为道德之全部。但吾人不当因此而谓道德教育,即可以责任观念笼罩之也。"

"即欲如此努力,君亦不赞成乎?"

"余决不赞成之。余意如以责任包含万象,即乏其专指之内容。责任者,一普通之观念,犹吾人'自尊'、'信用'与'爱名'之观念耳。凡此皆有巩固道德行为之价值者也。曰责任之所在者,犹曰我所以必为此者,为自尊也,为保全我之信用也。但此等态度唯对于'自尊'、'信用'与'爱名'已养成反应者,始克有之。"

"然则吾人对于责任,非当注意造成可靠之反应乎?"

必养成责任心

"然。但此非易事也。无数父师使儿童憎恶责任二字,致有损于此名词之应用。须知'满足的练习'无往不宜也。"

"君不以直接之道德教训为然乎?"

"如君以直接之道德教育为用教科书以教一定不变之功课,余将不敢赞同矣。"

直接之道德教训

"若指定时间以讨论道德事项,使儿童之概念明了如何?"

"各人对此之意见不同。余意倘有极良之教师,可施之于稍长之儿童。但必十分注意,不可因此而忘实在道德生活也。"

"君意谓最要者,为有兴趣之社会生活,而加以适当之指导乎?"

道德教育中最要之点

"诚然。"

"然则必当改革教育家之态度乎?"

"然。吾人当以最要者为前提。"

"君意谓习惯与态度之价值,超乎技能与事实之上乎?"

"然。"

"然君非忽视事实与技能乎?"

“否。余将以事实与技能附属于丰富之生活中。”

“君最后之言,以为道德教育即有兴趣之社会生活,而加以正当指导乎?”

“然。有兴趣之社会生活,加以正当之指导。而指导者又必能爱尚社会之道德价值,并能亲爱儿童,知如何引导之。”

“然则有兴趣之社会生活,加以睿智之指导,其最要之事乎。”

第二十一章

结论

“吾人能否总结本年所讨论者乎?”

“吾人何不提出数点以整理吾人之观念,岂非更善?”

“君意中所欲提出之点为何? 吾人或能兼顾之。”

设计法之一名词

“余愿问‘设计法’之一名词。余于‘设计法’几耳熟焉。然吾侪讨论中,未尝有人一用此名词者。”

“君知其所以然欤?”

“不知。何故欤?”

“余不知他人如何答复。余尝从某教授研究教育,彼为推行设计法最力之一人。余从其说,未尝一用此名词焉。”

“其说如何?”

“某教授之意,志愿的活动之价值,全恃在适当时机有良好之成效,不在乎一名词,更不在乎何人先用此名词也。彼反对因名词而起争论,且在‘设计法’之各种原则未充分讨论以前,彼不愿用此名词,且执意谓吾人不应以名词而忽视名词所代表之事物也。”

“然名词非有裨于一种观念之传播乎?”

“有时诚然。流行之名词足以引起人之注意也。”

“然亦有趋时之徒,盲从附和以炫耀于人,犹年少者之喜效时装也。”

趋时　“良好之事亦可谓‘趋时’乎？余谓‘趋时’，仅指浮而不实者耳。”

“良好之事亦可为风尚所趋。若人之做事，不知其所以然与所当然，仅以资标榜与炫耀，则若而人者，对于良好之事亦趋时而已。”

“余闻文学界之某学者，有一种趋时的拼法谓一致之拼法，实非必需，莎士比亚氏(Shakespeare)不知彼姓氏之拼法，彼署姓名时随手写来，不计拼法之如何也。”

设计教学法　“吾人可否再论‘设计’？君谓吾人讨论志愿的活动及同时的学习，即讨论设计教学法乎？”

“诚然。”

“余意方法为一种方术[1]。余不能名志愿的活动为方术也。”

方法不必为方术　“各人对于方法之观念不同。或者信教育仅为将来生活之预备，于是谋最良之方法，经年累月，以学习外的教材，此辈诚以教学为一种方术者。然吾人实应有较广之观念焉。君当忆及吾人对于‘方法之广义的问题’之讨论(第一章与第九章)。尝论及吾人向儿童语言之态度，为儿童所设备之校舍，儿童之一切环境及吾人与儿童接触之一切方法，凡此皆大有影响于儿童之各种同时的反应，无蓄之于中或发之于外。由此种种反应乃形成儿童之品性也。”

“君谓凡吾人如何对待儿童及使事物刺激儿童之反应，皆有方法之影响乎？”

“诚然。依此广义，故利用儿童之志愿亦成方法之问题。

---

[1] 方术即计划。——编校者

吾人深信如此对待儿童,可有各种极有用之刺激也。”

“然则君主张‘设计教学法’之一名词乎?”

“倘以此为简易之方术,学生不必努力而可学习预先择定之教材,则余不以为然,且深恶之。余近阅一新出版之书,论宗教教育中,如何可引用设计教学法,此即错误应用之一例也。若以此为儿童志愿的活动,而能引起其最良之能力者,则余良以为然,且从而赞同之。盖吾人对于‘设计’之一名词,务其实而不骛其名也。”

“君所指之书中,亦以‘志愿的活动’为设计之定义乎?”

“否。此书另有合于作者所谓方法之定义。”

“设计教学法共有几种方式乎?”

“余认为分成四种,极合应用。” 设计之分类

“君以为设计之分类尚有他种方法乎?”

“然,尚有各种有用之分类法。余所述之四种,则足以显出其各种特殊之程序耳。”

“吾人须知设计为志愿的活动之一例——为达到目的之活动。于是吾人先分别生产者与消费者之设计。第一种为‘生产者之设计’(producer's project),其志愿在有所生产也。其重要之度不同,自幼稚儿童在沙盘中暂筑沙屋,以至建设国家,创立国际联盟皆是也。其所用之材料亦至不同,自街衢之砖砾,以及祈祷时精神的虔敬皆是也。无论何种活动,凡有生产之目的者皆属于第一种之设计。” 生产者之设计

“君并不限设计于手工艺术乎?”

“决不限于此,生活并非如此其狭隘也。吾人之教育眼光当与全生活同其广大。凡志愿之所在,即有设计之可能。第二种为消费者之设计(consumer's project),其目的为消费,即应用或享乐是也。如幼儿之观焰火花炮也。彼心愿观之,而 消费者之设计

目光随火箭上下，感无穷之兴趣焉。以生产论，此儿仅为被动的，但以消费论，彼于欣赏享乐他人所生产之结果中，为主动的。艺术家之绘一画也，为生产者之设计。其同好之赏玩，则消费者之设计也。”

“此亦名之为设计，有持异议者乎？”

“如持异议，则其设计之定义，必不以志愿为基本者也。余所问者极简单：此儿观焰火时，是否有一志愿乎？必答曰‘有’无疑。由此推之，则以欣赏文学、音乐与他种艺术论，亦含教育之意焉。倘学习者并无接受或欣赏之志愿，则无学习，无好尚之发展也。”

“第二种设计为艺术的欣赏。然君所举焰火之例，又未必属于艺术耳。”

“余未敢断言欣赏焰火非艺术的，余深知前此措词或滋误解耳。”

“君非言有四种设计乎？”

问题设计

“然。吾人将进而言之。第三种为‘问题设计’（problem project），其目的为解答理智的困难。依历史而论与个人而论，此种设计由第一种产出。几无论何种生产的志愿（属于教育的尤甚），必含困难而需思想焉。第三种与第一种之别，全在于第三种含有问题，而第一种特注于有所生产，其问题的思想仅偶然之事耳。”

“任何问题皆为设计乎？”

“非也。余或明知一问题，而并不发愿解答之。如此，则非余之设计矣。诚属余之设计，则余必发愿解答之，且实行解答之也。”

“亦有一种活动，初为设计，由渐而志愿消沉，其后活动仅成劳苦之工作乎？”

“然。倘志愿已消沉，而教师坚执使学生结束已始之工作，则成劳苦之工作矣。”

“然则吾人不应客观的用‘设计’二字，用若标记一度为设计，即永远为设计乎？”

“然。”

“此非缺点乎？此非足使君之定义无效乎？”

学习者之态度为要素

“余不以此为有妨定义，且不以此为重要之缺点，倘余唯名是重或感困难。然余所重者，为学生之学习，而非客观的标记。余愿一名词足以指出学习历程中之要点，即学习的态度。当志愿既消，学习历程亦颓丧矣。以志愿为定义之优点，即在注重学习者之态度也。”

“凡指定问题，而嘱学习者研究，非忽视此点乎？”

“诚然。对于幼年之儿童，间或可以指定问题。但指定之问题，常属教师之问题，而非学生之问题也。志愿实不可以指定。”

“凡赞成外的教材者，常忽于设计定义中之志愿乎？”

“余亦以为如此。”

“此非君所谓设计教学法之困难乎？此实足以限制功课之指定也。”

志愿之要素限制功课指定

“然。其困难与优点均在此。其优点在确认事实，明示指定之法，不能得学习者适当之态度。然此仅发现固有之困难，并非自造困难也。”

“君兹所言者似已略轶题旨。君意倘能得儿童坚强之志愿，则志愿的活动为最良之学习无疑。然吾人不易时常得此，且君意设计教学法只可用儿童之志愿，则吾人诚感困难，因君不容许吾人以他种方法对待儿童也。”

“余尝言只可用儿童之志愿乎？余尝言不可用他种方法

以对待儿童乎?”

“然,余之会意如此。君倡导志愿的活动而排斥强制与责罚。此外余更能有何种了解耶?”

“余极感君之提出此点,盖余不愿引起误会,而显已有误会也。余仍宣述前言。志愿的活动较强制有较良之学习情形——有较良之正学习、副学习与附学习。余未曾言仅由希望或仅由命令而可得志愿的活动也。倘君时常运用儿童之志愿,则可得较良之学习。否则君必须尽君所能,对于种种方面周密考虑一番也。”

“然则君仅有一种理想,而并非希望达到乎?君仅述虔诚之希望而已乎?”

“此非余之意也。”

如何求达理想

“但君承认此为理想,并非常能达到者乎?”

“然。但吾人姑勿谥之为虔诚之希望,请再细加研究。譬如健康,亦一种理想也。”

“诚然。”

“君并非希望全体人民常能得健康乎?”

“否。盖常有困难足以阻之。或则昧于卫生,或则甘于放纵,或则不幸而罹灾疾。无一人能一生有完全之健康,更不能使全体人民享健康也。”

“有此困难,遂使吾人对于健康之主张仅成虔诚之希望已乎?假定余为地方卫生局局长,余将何以处置君所述之困难与健康之理想乎?倘传染病盛行,多数人民不谙卫生,或蔽于成见,余之助手又极少,且于卫生事业亦并无充分知识与经验,余将何以为计乎?”

“君必相机而尽力为之耳。”

“虽不能完全达到理想,然余总不能不寻求余之理想。”

“然。求健康之理想，则其所得必较不求为多也。”

“此种困难与阻碍，余应束手听之，抑应设法减少其势力与影响乎？”

“君自然应设法减少其势力，但总不能否认之耳。”

“君意余在一实在情境中，必实事求是，求其理想，同时察其困难，然后决定执行计划。余既不可忽视理想，亦不可忽视困难。”

“余渐了解君意矣。请进而论之。”

“余对于理想与困难必分别处置。余之理想——余之目的——必尽力保全之。至于困难，则力求其减少，至于完全免除为止。”

“然。此为处置实在情境之正当方法。”

困难之应付

“则于志愿的活动亦然。此为余对于学生之理想，视为余之目的。余既忠于理想，益不能不察其困难。余不能不察学生有时（且时常）发愿做有害而非有益之事。又教科书之编纂亦非依据儿童志愿之原则。学校之组织，升级之标准，皆根据于固定之课程。余明知此种组织有长久之历史，而教育局长、指导员、教师、学生、校董以及学生家属，皆习于此而愿保守之，不愿有所变更也。”

“君述一长篇之困难，则进行之始，不觉失望乎？”

“实在之困难，尚未尽于此，然余未尝失望。余信余之理想基于人类之本性。忽视之必感不满足与不快乐；正当施行之，必感满足与快乐也。”

“但君未尝言如何施行。”

“困难虽多，答案至简。吾人随时随处应‘向’理想而力行也。”

“君谓吾人应常调和其间乎？”

用调和方法以达到理想

"诚然。欲达到理想,此为切实之方法也。"

"君可否再简单说明应如何施行?余尚未十分明了。"

"余将试述之。假定一尺度,一端为I即内的教材与志愿的活动,又一端为E即外的教材与指定之工作。吾人之工作,始于尺度上之一点,尽其能力之所及,环境之所许,而使之递升以趋于I,即全部教育计划亦须递升至I。在此进程中,一切事业当然须进行不辍。以吾人识解与技能缺乏及环境之限制,虽不愿近于E点,而有时在事实上亦有不得不然者也。"

"此意指吾人于一学期中,必教某种功课,而学生并无自动的志愿——不能递升于I——则余只得趋于E点,于必要时指定此种功课乎?"

"倘此项功课必于此学期教学,而并无更良之方法,只得如此。"

"然则君之理想以利便为依归乎?"

承认事实

"非此之谓也。余必认明事实,然后处理之,以达余之理想。假定余欲至高墙之彼面,余不应不顾墙之存在,或佯作墙之不存在而直向前行。诚如此,则永不能越墙一步也。余必认明事实,觅门或梯,熟察何者为力之所能,何者为不能,然后顺应环境而制驭之。而无论何时,又常抱定目的,欲至墙之彼面也。"

"可否请君就学校事举一例乎?"

"假定余每星期须给学生分数,学校规程如此也,则余须设法使给分数时,流弊愈少愈佳。不使学生注意于分数,一若以课业以分数为唯一之目的。免除其外的激诱之注意,使其对于工作有内在的兴趣也。"

如何应付固定之课程

“倘君必须施授固定之学程，而无余暇以从事其他，则将如何？”

“此几为最困难之情境，某年余亦曾处此种情境之下。吾人于此唯有宣誓不赞成此种制度，辞职而去。如其不能，则承认事实，尽力以改良之，且于各方面进行。（一）利用活动之余地，于所任一级中先试验其理想。所得结果，亦有出于意外者。（二）邀集同志（愈多愈妙）研究较良之教学法。（三）从事正当之宣传，以求得较良之学校制度。倘持之以恒，行之以智，必有可观之成功也。”

“余不知在此类情境之下尚有何种余地可以利用。”

“可做之事，不知凡几。吾人可鼓励学生思想。盖运用思想之机会极多。常注意学程中发生之问题。凡有价值者皆利用之，并可鼓励数种学校以外的设计。至于训练方面，愈与学生合作愈佳。如前述学生由甲教室至乙教室步行之状态（第四章），即余最困苦一年中之例也。至于较为机械的学习，则可以个别化之作业指导之。”

个别化之作业

“所谓个别化之作业，君大概指道尔顿制（Dalton Plan）与文纳特卡制（Winnetka Plan），君亦赞成之乎？”

“以全制度而论，余并不赞成，但吾人如必需学习教材之固定部分时，善用亦甚有益。余于20年前即已行之。盖如课程有固定之部分，则此种方术颇多可采之点也。”

“但君非反对固定之课程乎？”

“依大体论，然。余极反抗之。”

“在君之理想的教学法中，此种个别化之作业竟无地位乎？余意谓熟练（drill）有极大之需要。”

第四种设计

“余根本上赞成熟练有一定之需要。吾人所未讨论之第四种设计，即关于熟练也。此种设计有名之曰‘熟练设计’

(drill project)者，但余宁名之曰'特种学习设计'(specific learning project)。其目的在得到数种技能与知识也。"

"譬如欲得加法之速率与正确，非一例乎？"

"然。此足以证之。"

"然则君何以反对文纳特卡制，余意此制实依此种方法而行也。"

"余所以反对之者，以儿童未感觉需要以前，且并无引起其感觉需要之情境之时，即行熟练也。倘学生在一情境中感加法熟练之需要，自知应有适当之速率与正确，则应有熟练也。"

公认之标准

"习加法时，君反对使儿童注意公认之标准(standard norms)乎？"

"使所谓标准者，足以代表余之学生在彼时间正当之工作，则余并不反对。君须承认现在所谓标准者，皆根据旧式之课程与教法。其是否应认为标准，又一问题也。"

"余实不明君意。君以为一种标准根据10万小学生之课业中得之，而犹不足为标准乎？此殊可异，余意此种统计已证明其为标准矣。"

"君深明余意。余不经特殊考虑，不愿承受此种标准为标准。彼从10万儿童所得之结果，亦仅代表现时教学上之结果耳。但现时教学容为错误。加法或不应于现所指定之时间教学之。计算数千或数万儿童之统计，并不能示吾人以应于何时何处教学之也。仅示吾人以于某时某处教学之结果如何而已。余并不言各种'标准'均如此得来，但无论何人称此种标准为不易之标准，则纵不可悲，亦可笑也。"

"君言文纳特卡制仅有个别化之学习。彼非亦有团体之作业乎？"

“然。诚有之，依余所知，此种团体作业极佳，且有吾人所主张之一种精神。余愿彼等更注重团体之学习，而使他项仅成附属也。”

“君以为彼等之注重自学与自测之方术，在教育上为永久的贡献乎？”

“然。至少其观念为一种贡献。余愿必须先有感觉的需要然后行之。余并不愿其将全部课程悉照彼方法行之也。”

分科的教材

“此引起分科教材之问题。倘吾人实行志愿的活动与内的教材，吾人应摈弃分科之教材乎？”

“依吾人之所知与所行，则敢直答曰然。分科的教材当废止之。”

“余实不知其故。譬如算术，吾人有永久之需要。何不公然剀切教之？何以矫揉造作，以避免之为愈乎？”

“余知君尚未明余意。吾人诚常有算术之需要，应常教学生习之，且公然教之。然其要点在此。倘有实在情境之需要算术应用者，则有较良之学习。吾人于需要算术时始教学之，即与有关的情境相联而教学之也。其结果则将算术知识零星分播于生活之途中。于生活上有需要，即有教学。如是儿童之算术知识积少成多，而化部分为全体。及其后也，更有专习之而深造者焉。”

“此又为心理的与论理的讨论乎？”

“然。”

“算术如经此种机遇的教学法，能深印脑中而应用之，亦如系统的学习法乎？”

“余虽不喜君用‘机遇’一词，然君说良是。余谓一事在生活情境中学得者，常有其线索与暗示以为将来之应用。书本中系统的学习，则常与生活缺乏关系，虽遇应用之机会，亦有不克实用之危险焉。”

“余尝闻人言,组织经验于分科教材之中,为矫揉造作之事。君意如何?”

“此说颇确。无人在生活中单项学习算术或地理或历史。各种知识,必根柢于生活情境中。在其所根柢之情境中学习之,则于生活中再遇之时,亦易于应用。此所谓线索与暗示也。”

熟练

“但以此为原则,如何可得熟练与系统乎?”

“余以为前已答复矣。无论何事,吾人应于情境中已遇到或已感其需要,然后得施相当之熟练。此种熟练,常尊重线索与暗示,而保存其自然的情境之联络,儿童对于此种熟练之态度当然较优也。”

系统的组织之教材

“然则如何可得教材之系统的组织乎?”

“此亦已答复矣。在生活情境中有已习之各部分,然后有系统之组织。前已论及各部分之分化与统合(differentiation and integration)。各人应有自己之系统,庶于自己应用时最为便利。”

“君与君之同志于此似有错误。何也?因君恒思个人能忽视种族经验。君固熟知其不可,而犹若以为可也。”

“吾人未尝言可以忽视种族经验,余并谓种族所得之系统,较吾人中任何人所得者良好。且吾人常为种族经验所包罗。无论发一语言,用一工具,皆应用种族经验。无论谁何用‘整数’、‘分数’、‘小数’诸名词时,亦应用种族经验之系统也。吾人不学或不用种族已得之种种经验,不能生存于今日之世界。吾人宜以自然之态度,接受种族种种经验,察其意义而讨论之,应用之,并渐造成自己思想之系统,而在此思想之系统中,种族之种种经验均适合之——唯此足使人得支配其思想之系统，而非强记他人之程式所能为力也。”

“余仍不明了。即以地理而论，编著科学的教科书者，对于地理科学的系统，当然较学生之系统为优，顾何以不用著作者之系统？”

“何谓用著作者之系统？”

“学习其所著之书耳。”

“余亦料君如此说法。君亦知此种完美之系统不能引起学生之注意乎？学生所得之系统，仍为彼所感觉需要而自成之系统耳。”

“君亦将鼓励学生有实在之系统乎？”

“诚然。余良愿学生在良好之书籍中或于他处，得有益之指示。”

“彼等仅借用乎？”

“若彼等仅努力于形式上之系统，则属借用。今日普通学生即如此，但余愿学生感觉系统之需要然后始成其系统。倘学生自他处借用方法，余诚希望彼等非仅仅借用，且亦须为有益之借用也。”

“君亦愿学生以后将地理知识组成统一的系统乎？”

“倘此为有用之系统则应之曰然。倘仅为预备考试之用则否。余知学生渐长（心理的），必自愿聚集其所知，成有次序之方式。余诚希望有此种趋势并鼓励之。”

“君之学校中亦用教科书乎？” 教科书

“此又为困难之问题。今日多数之教科书，示儿童以他人现成之思想，余不愿用之。至少余不愿如编著者所愿用之用法。”

“但君欲用者，为何种书籍乎？”

“此须充分之时间与试验，始能决定之。目下余所能言者，推测而已。余意有数种可能。一种为读本，以极生动之文词描写历史或地理之故事，旅行或冒险以及昆虫之生活，即一切传授之知识；又一种为简要之参考书或系统的论著，于需要时检查之；又一种为问题书，罗列问题，以刺激儿童之考究与活动；又一种为包含自学、自测之熟练材料课本。”

“吾人于何处可得此种书籍乎？”

“多数尚待著作。倘吾人善为选择，则此种书籍亦已可得若干种也。”

“君不以为君之学校中学级将极小，而教育经费将令人不能担任乎？”

学级之大小

“余不以为如此。吾人今日之教育经费尚未达到适当之比例。全国人所费于汽车者大，而所费于教育儿童者小。且余并不以极小之学级为必需。余以为用此法而有经验后，学级大小之问题亦不难解决。今日多数市立学校中之学级实太大，则亦宜量为减小也。”

学程

“至于学程如何？不可预先编订而印布乎？”

“不能依旧法编订而印行也。”

“吾人所可有者，为何种学程乎？”

“此又一极困难之问题。余只可提议一暂时的计划，一种调和的方法。大致如下：

(一) 教育教说之一种明白说明，更注重于新目的。

(二) 数种不同之设计之示例，以详细为贵，借以示所希望之目的及其所以然，并研究其相联之结果。

(三) 丰富的设计目录，及相当之参考材料与设备之指示。

(四) 结果之说明，特别注重于习惯态度与欣赏，因此种要点常为人所忽视——此种结果并非视为最近之目的，但所以助教师与学生测量彼等自己之进步也。

（五）数种儿童自学与自己测验之熟练材料，且有适当的标准之说明。”

“君名之曰一种调和乎？”

“然。余深恐编订的学程易于误用，然舆论或要求之。则只可希望吾人有丰富之经验后，或能编制一理想之学程，仅凭臆测不可信也。”

学生转学时之适应

“学生由甲校转入乙校时，亦有适应之困难乎？”

“此实大有兴趣，吾人之方法于转学时之困难，实较他种教学法为少。盖转学之困难，在固定分配之教材。此牢不可破之班级学程，破除以后适应实较易矣。”

目的

“君曾提及新目的。余愿再论目的，因尚未十分明了也。君信知识与技能，并言欲加习惯、态度与欣赏，凡此君皆包括于目的中乎？”

“是也亦非也。余恐君之说明或致误会。故余对于目的当分成三种：较近的、较远的与中间的。中间的目的为习惯、技能、态度、知识与其他个人之品质，如教学合法，不须直接求之。较近的目的为生活，为求儿童现在之生活有真切而困难之经验，足以使之上进(lead on)。较远的目的亦为生活，由现在经验中已学得各种品质，而使将来之生活达更高之程度焉。”

“余又不解矣。君如何可使儿童现在之生活为目标乎？余以为目标者必有事物可以学习。余岂完全错误乎？”

“君亦未为完全错误。然余仍执余词，不能不为余说辩护。何谓目标(objective)乎？在军事学中，其意为较小之目的，由之以达更大之全部计划者也。所以余言第一(较近)目的为深切而可以上进之经验，必先得此而后能达较远大之目的也。假定余已达此第一目的，于是余之第二(中间)目的为从经验中得到适当之品质、知识、技能、习惯与态度。余必得此种之后，方可达到更远大之目的也。其更远大之目的(较远)为更高之生活中间的品质，非能实现于此生活中，未为学得也。”

“此即合于‘生活之继续的改造’论乎？”

“然。适合于此。”

“余仍不甚明了。君先认定数种品质，如每项之知识、习惯或技能为需要，然后再觅数种经验以教学之乎？”

经验为最近目标

“非也，此与余说正相反。余否认以品质为最近之目标，而愿以生活为第一目标。故余先求有益之经验。当儿童经验进行时，若有需要，则指导之，使其能有生长——能有较为丰富之生活，与较良之方法以制驭经验也。”

“君如何决定经验之先后乎？”

“依余之理论，吾人不能于事前决定何时有何动作——事前决定，不能有益。”

“君以何种根据，决定到时应有何种动作乎？”

如何估定经验

“余之估定经验，乃依下列之次序：(甲)真切的；(乙)新颖的，能扩张现在之见解与能力，而有成功之可能的；(丙)变化的，足以使生活不至于畸形的。余所最愿有之经验，即最合乎以上三点者也。”

“君愿于此种经验中得所需之品质乎？”

“然。倘吾人于新颖之经验中，能热心从事而有成功，则能学习无数事物也。倘就此种学习而类别之，标记之，即吾人所谓品质也。”

“余仍不知君如何选择经验，以得所需之品质。君之词意，一若先有经验，则任何品质均佳。但君意恐未必如此也。”

“余意正如此。余注意相续之经验，须有充分之变化，以发展生活之各方面。但在原则上，余唯愿儿童能尽量以得经验，必经验已在进行，始注意于品质，所谓品质仍属成人私心自用之看法。余并不向儿童说明任何品质。儿童之首要，在努力于现在之工作，而学习其次也。”

“‘品质’(trait)一词，扰余思想。此词究属何意?”

“余所谓‘品质’者，为任何有价值之学习结果，如技能、习惯、事实、知识、理想、态度或欣赏皆是也。品质为各种学习之普通名词耳。”

现在对于最低标准之课程

“君以为最低标准之课程(minimum essentials)竟无地位乎? 余意每人必有数种品质(即君所谓学习结果)，实为社会中良好生活所必需而不可无者。但君何以似加否认?”

“待余先发一问。君尝见最低标准之课程中，亦曾包括‘言忠信行笃敬’乎? 抑仅有阅读、书写、拼法等能力以及历史、地理之事实乎?”

“余从未思及之，但余谓仅有后列之数种耳。且所谓最低标准之课程者，为儿童欲升级所必学之事项耳。余确知其未尝包括‘言忠信行笃敬’也。”

“何以不包括之?”

“余不甚知之。或因忠信笃敬不能强迫儿童学习，不能如拼法然，指定为功课，使儿童练习之至学得而后已。或因吾人意谓即未学习忠信笃敬，亦无妨于儿童明年之升级也。”

“然则君以最低标准之课程，为学校制度之要素，而并非生活之要素乎?”

“此说颇近似。”

“君以为忠信笃敬在生活中不及拼法或历史地理知识之

重要乎?”

“否,否。是又不然。”

“兹将余对于最低标准之课程之态度告君。余以为有数种事物极有用于将来学校及生活之进步,虽强制亦必学习之,若目前不能学习,至必要时亦须牺牲他事而强制学习之。倘君以此为最低标准之课程,余亦无所反对。但余引用此名词时,须容我自己之定义。”

“君其告我以君所谓最低标准之课程中之项目?”

“余不克给君一全表。其实余谓各儿童及其环境之不同,此中所包者亦因而各异。余于多数儿童之普通表,实较君所设想者为小。阅读为一要项,算术又为一项,此虽不能概其全,但全表亦甚短也。”

“君对于忠信笃敬如何?”

他种适宜之品质

“尚有许多项目,有机会时余将以全力求之。但不以列于可以指定的课程之同一表中耳。”

“君之另一表中并不限于此数事乎?”

“否,但余并不将算术与其他事项列于彼各表中。今此表则极短,教师亦无须常参阅也。”

“君赞成此最低标准之课程之短表,非与生活继续改造之概念相背乎?”

“否,盖余视最低标准之课程为此时此处达到生长之方法,或改造现在生活之方法。非此则经验之改造有所阻碍,余必赖之以达余之目的也。”

“然则何不立刻设法获得之乎?”

“倘自内而学习最佳。若不能,则强制以求之。对于余之目的,则余常在努力追求中也。”

教育之目的

“君能告吾以君之教育目的乎?”

“余甚愿之。余之目的，欲使儿童现在有较丰富较成功之生活，庶此种生活，在现在与将来皆最有益于儿童与他人也。”

“君此处所用之‘成功’二字，似觉异乎寻常。以儿童论，何者为成功之生活。因余谓此名词常应用于成人。”

“君说颇是。此问甚佳。以儿童论，何者为成功之生活？指现在抑仅指将来乎？”

“余谓二者兼之。余以为儿童生活快乐，使他人亦快乐，即成功之生活。此指现在而言也。至于将来，余谓彼现在所作者应足以为将来之一种预备。”

“此说诚佳。君亦知此即余曩所言活动之选择乎？倘活动能真切而且成功，则现在必甚快乐。倘超出于现在之见解及能力以上，且与从前之活动不同，即为一种将来之预备。”

“君欲将现在与将来并为一谈乎？”

“然。”

“君意谓儿童毋须计划将来乎？譬如儿童计划往郊外钓鱼如何？或稍长之儿童欲选择其终身事业又如何？”

“余特别鼓励儿童计划将来，事实上儿童无论计划何事，即计划将来也。儿童渐长，计划渐远。至少壮时之选择职业，则最真切之设计也。”

儿童之计划将来

“吾人讨论兴趣久暂中之生长时，非曾讨论及之乎？”

“然。此实相同。”

“君以现在生活与将来并为一说，亦注意于生活之继续改造乎？”

“诚然。”

“譬如一学校从未试用此种教学原理，君将如何介绍之乎？”

鼓励已依此进行者

“余不愿强制以促其推行。强制不仁，且鲜效也。倘余为教育局长或指导员，余当先注意于教师之教法，最近乎此者，鼓励之使继续进行，然后使其余教师参观其教学法而试验之。余愿所有教师皆研究其基本之学理而感普泛之兴趣焉。"

"倘有规定之必修课程，君将易有成功乎？"

不规定必修课程

"否。不必规定。倘遇有能力之教师，余将予以自由而观其成效。余于教师会议时，亦当注重教学上较精微之结果，而减少专重机械的结果之紧张也。"

"教师并无具体之事项应注意乎？"

"教师应注意之事项凡三：（一）逐渐改良普通教室作业——前已讨论之——注意各种机会，使作业基于问题。"

"君言'逐渐'，岂畏操切从事乎？"

不可操切从事

"诚然。此新教育方法之技术（technique）异于旧方法。无一教师能骤然变迁。操切从事，其弊较他种方法尤甚也。"

"其余二事项为何？"

自由作业

"（二）规定半小时或一小时之自由作业。任学生作任何有价值之活动，唯每生之设计必先得教师之许可。其始也，多数学生不能想出有价值之活动。彼等不习惯于建设的思想。君可告之曰：'倘汝等不能想出何事，余可代汝思之。'君必先预备良好之指示方法。"

"此作业有何特别利益乎？"

"此有数利焉。能给教师机会为小规模的试验，教师与学生皆有所学得焉，且其所得暗示，可应用于他课。倘教师能得其法，则较长时间之设计即可产生。而儿童因之潜心研究国文或历史，或科学，依设计之性质而定焉。最后则此短时间之自由作业果成功，即可延长至数小时，甚或一星期也。"

"君何言之谨慎耶？"

"然。多数人笃信旧方法，故此新方法之进行必迟。且吾人必于新方法有充分之实验,方能措施咸宜也。"

"君称事项凡三。吾人仅有其二。"

"(三)为课外作业。吾人可用之而极有益。将来课内与课外作业之界线必将移动,而课程必不如目下之固定也。" 课外作业

"君希望此新方法之原理能将旧方法取而代之乎?"

"余厚望之。此运动已开始矣。今日国中无一学校不趋于此倾向。30年中,进行至速。学校愈佳,愈与现代思潮相接近,亦愈为此运动厚其势力也。"

"君所最虑者为何?" 所虑者何

"余虑其进行太速耳。"

"恐进行太速乎!余殊不解。"

"余恐人之自夸,以为已得此新方法,而实则尚未充分明其所以然,或充分试出其何以然也。质言之,余惧其仅为趋时耳。"

"趋时者犹属此运动之同志。顾反对此方法者,如何最足以妨碍此新运动之进行乎?"

"坚持旧式固定分配之教材,继续依此以测量成功,固执于此而佯许人以试验之自由也。"

"君以外的教材为新旧方法转移之关键乎?" 方法之原理之关键

"然。内的教材,志愿的活动,生活之继续的改造以达于较高之度——此三者即新方法之原理也。"

"吾人讨论已告终结,君亦以为憾乎?"

"已终结乎?犹未也。推阐其义,更有加焉。吾人仅停止讨论,盖此特学期之终结已耳。"

编校后记

作为我国现代著名的教育学家，孟宪承先生不仅著述丰富，而且译介了不少经典性的教育著作，如杜威(John Dewey)的《思维与教学》(*How We Think*)、波特(Boyd H. Bode)的《教育心理辨歧》(*Conflicting Pschologies of Leaning*)等。本卷收入的克伯屈(William Heard Kilpatrick, 1871—1965)的《教育方法原论》(*Foundations of Method*)，则是由他和俞庆棠[1]先生合译，商务印书馆 1927 年列入"现代教育名著"印行的。

克伯屈是杜威的学生，长期执教于美国哥伦比亚大学师范学院，致力于杜威教育哲学的阐释与拓展，特别是在杜威的"问题教学法"基础上，提出了设计教学的理论与方法。他认为，所谓"设计"，就是自愿的活动(或志愿的活动，purposeful activity)，即以自愿决定目的，指导动作，并供给动机的活动。因而，设计教学是按自愿(purposing)、计划(planning)、实行(executing)、评判(judging)四个步骤展开的。这些思想不仅对美国进步教育的推进产生了直接的影响，而且吸引了包括中国在内的不少国家教育研究者和实践者的关注和尝试。

设计教学法在中国传播的先声，也许是 1919 年秋，在俞子夷先生主持下，南

---

〔1〕 俞庆棠 (1897—1949)，字凤岐，江苏太仓人。著名女教育学家。1919 年赴美国哥伦比亚大学师范学院留学，受业于克伯屈。回国后，先后任私立无锡中学、江苏省第二师范学校教师，大夏大学教授，致力于民众教育的探索。新中国成立后，首任教育部社会教育司司长，主持草拟了 1950 年社会教育计划。1949 年 12 月 4 日晚，因患脑溢血，不幸逝世，终年 52 岁。

京高师附小研究和试行设计教学法[1]。其后，大约在1921—1923年，设计教学法的试行相当盛行，而1924年后由于军阀混战，经费困难，学校教学受到干扰，设计教学法在中国陷入低落期。直到1927年3月，克伯屈访华，在广州、上海、北京、沈阳等地讲学半年。时隔两年，他又作为太平洋协会的一员，在卡特基金会的资助下，再次踏上中国的土地。由此，又在幼稚园、小学中掀起了一轮实施设计教学法的热潮[2]。

孟、俞合译的这本《教学方法原论》在1927年3月与中国读者见面，此时恰逢克伯屈来华。这个译本无疑为国人深入把握和试行设计教学法提供了资源，为克伯屈来华讲演提供了直接的参考。当时，尽管克伯屈所受到的礼遇远不及杜威、孟禄(P. Monroe)，甚至也不如麦考尔(W. A. McCall)，但中国为迎接他的到来设立了专门的筹备会。孟先生作为编辑委员会成员，俞先生作为讨论委员会和招待委员会附游览成员，都参与了接待的汇作[3]。

半个多世纪后，王建新重译这本书，名为《教学方法原理——教育漫谈》，列入《外国教育名著丛书》，由人民教育出版社于1991年出版。新译本增加了原书的阅读参考书目，并于书末附了克伯屈1918年在哥伦比亚大学《师范学院学报》(*Teachers College Record*)上发表的《设计教学法》(*Project Method*)一文。

孟、俞译本则多用文言，简约凝练，而又不失通达，具有独特的风貌。在合译过程中，他们力求"所用文体名词，前后力求一致；往复商榷，不厌周详"[4]。孟先生先后留学美英，俞先生在哥伦比亚大学直接受业于克伯屈，他们对实验主义教育思想都有深邃的把握。例如，"purposeful activity"并非泛泛的"有目的的活动"，他们将其译作"自愿的活动"，切中肯綮。孟先生向来反对"尽是节取他书的

〔1〕 中央大学实验小学校编：《一个小学十年努力记》，中华书局1928年版，第9页。
〔2〕 瞿葆奎、丁证霖：《"设计教学法"在中国》，载瞿葆奎主编：《教育学文集·教学卷》(上册)，人民教育出版社1988年版，第342—347页。
〔3〕《教育界消息》，载《申报》1927年1月19日。
〔4〕 克伯屈著，孟宪承、俞庆棠译：《教学方法原论》，商务印书馆1930年版，译者附言。

成说,或掇拾人家研究的成果"[1],主张"殚精研究,锐意发明"[2],甚至在翻译过程中也不忘结合本土。如在论述"建筑与仪式在教育上的影响"时,原著只以耶稣教堂为例,而译者在此基础上补充了孔子庙和寺院二例,以利中国读者对照与理解。

面对这样一部饱含著者思想、凝聚译者智慧的作品,我们在编辑校对过程中恪尽谨慎,以存其原貌。编校不当处,敬祈读者指正。

陈　蕾

2008 年 4 月

本书清样,蒙程宝伟同志再校对,感甚!

陈　蕾

2010 年 5 月

---

〔1〕 孟宪承:《评两种教育新著》,载周谷平、赵卫平编:《孟宪承教育论著选》,人民教育出版社 1987 年版,第 95 页。

〔2〕 孟宪承:《大学教育(节选)》,载周谷平、赵卫平编:《孟宪承教育论著选》,人民教育出版社 1987 年版,第 281 页。

图书在版编目（CIP）数据

教育方法原论/(美)克伯屈(Kilpatrick, W. H.)著;孟宪承,俞庆棠译. —上海:华东师范大学出版社,2010.5

(孟宪承文集;6)

ISBN 978-7-5617-7717-6

Ⅰ.①教… Ⅱ.①克…②孟… Ⅲ.①克伯屈(1871～1965)—现代教育—教育思想 Ⅳ.①G40-06

中国版本图书馆CIP数据核字(2010)第082870号

孟宪承文集·卷六

教育方法原论

主　　编　瞿葆奎
副 主 编　杜成宪
著　　者　〔美〕克伯屈
译　　者　孟宪承　俞庆棠
项目编辑　陈锦文
审读编辑　徐红芹
责任校对　王丽平
装帧设计　储　平

出版发行　华东师范大学出版社
社　　址　上海市中山北路3663号　邮编200062
网　　址　www.ecnupress.com.cn
电　　话　021-60821666　行政传真021-62572105
客服电话　021-62865537　门市(邮购)电话　021-62869887
地　　址　上海市中山北路3663号华东师范大学校内先锋路口
网　　店　http://ecnup.taobao.com/

印 刷 者　江苏常熟华通印刷有限公司
开　　本　787×1092 mm　16开
印　　张　18
字　　数　257千字
版　　次　2010年12月第1版
印　　次　2010年12月第1次
印　　数　1—2 100
书　　号　ISBN 978-7-5617-7717-6/G·4463
定　　价　58.00元

出 版 人　朱杰人